4~7세, 수면을 잘해야 아이가 알아서 공부합니다

놓치면 후회하는 수면 교육의 골든타임

4~7세, 수면을 잘해야 아이가 알아서 공부합니다

· 한진규 지음 ·

Angle Books

차례

저자의 말

선진국의 부모들이 소아기 수면을 촘촘히 관리하는 이유?! ······ 8

우리 아이 수면 체크리스트

✦ 우리 아이는 잘 자고 있을까? ····················· 19
✦ 피츠버그 수면의 질 지수 평가하기 ················ 22

0장
들어가기 전에 읽는 수면 상식

✦ 당신이 모르는 수면의 3단계 ···················· 30
✦ '수면의 MBTI'는 3가지: 정상형, 저녁형, 아침형 ····· 32
✦ 수면 리듬은 이미 유전적으로 정해져 있다? ········ 36
✦ 졸음을 부르는 '자려는 힘'과 '자려는 리듬' ········ 39

1장

똑똑한 두뇌를 만드는 '꿀잠'

- ✦ 후천적으로 만들 수 있는 똑똑한 머리 ·················· 46
- ✦ 가짜 주의력 결핍 장애, 산만한 아이 무엇이 문제일까요? ···· 51
- ✦ 소아 코골이, 왜 우리 아이는 자도 자도 졸려 하는 걸까요? ···· 58
- ✦ 소아 기면증, 시도 때도 없이 잠드는 우리 아이 어떡하죠? ···· 75
- ✦ 일시적 불면증, 과도한 학업 스트레스에 시달리는 아이 ······ 89
- **수면 닥터 꿀팁** 아이의 불면증을 알아보는 3가지 방법 ··········· 94

2장

성장기 외모에 영향을 미치는 수면

- ✦ 성장 호르몬과 밀접한 잠, 잘 자는 아이가 크게 자란다? ····· 100
- ✦ 예쁜 얼굴을 만드는 숙면, 어떻게 자느냐에 따라 아이의 얼굴이 바뀐다? ································· 103
- ✦ 사각 턱을 만드는 수면 장애, 밤마다 이를 가는 아이 어떻게 할까요? ································· 107
- ✦ 수면 장애가 부르는 소아 비만, 왜 운동을 해도 살이 찌는 걸까요? ································· 113
- **수면 닥터 상식** 코 호흡은 왜 필요할까? ······················ 120

3장

우리가 미처 몰랐던
아이가 잠 못 이루는 이유들

- ✦ 수면 장애로 악화되는 잘못된 습관 ········· 128
- ✦ 소아 불면증, 잘못된 상식 때문에 수면 리듬이 깨진 아이 ··· 131
- ✦ 수면 개시 장애, 왜 우리 아이는
  졸음이 쏟아질 때마다 떼를 쓰는 걸까요? ············ 137
- ✦ 제한 설정 수면 장애, 왜 밤마다 안 자려고 할까요? ········ 142
- ✦ 뒤바뀐 수면 리듬, 낮에 자고 밤에 우는 아이 어떡하죠? ····· 146
- ✦ 소아 우울증, 새벽에 눈을 뜨는 아이 무엇이 문제일까요? ··· 152
- ✦ 소아 하지 불안증, 갑자기 다리를 터는 아이
  수면 장애인가요? ·· 157
- ✦ 사지 운동증, 자면서 돌아다니는 아이를
  막을 순 없을까요? ······································· 166
- ✦ 야경증, 자다가 소리치는 아이 무슨 병이 있는 걸까요? ····· 169

`수면 닥터 꿀팁` 소아 불면증 '비약물' 치료법 ············· 175

4장

똑똑한 머리와 튼튼한 몸을 위한 최강의 수면 습관

- ✦ 우리 아이는 도대체 얼마나 자야 하는 걸까요? **182**
- ✦ 수면 교육은 언제부터 시작해야 할까요? **193**
- ✦ 수면 리듬은 어떻게 바로잡아야 할까요? **202**
- ✦ 쾌적한 수면을 부르는 수면 환경 만들기 **207**
- ✦ 수면 음식, 잘 먹는 아이가 잠도 잘 잔다 **214**
- 수면 닥터 꿀팁 아이와 함께하는 수면 습관 만들기 '2주 플랜' ① ·· **221**
- 수면 닥터 꿀팁 특별한 관심이 필요한 영아 수면 돌아보기 ② ···· **225**

참고 자료 **235**

저자의 말

선진국의 부모들이 소아기 수면을 촘촘히 관리하는 이유?!

2002년 여름, 제가 처음으로 수면 공부를 위해 클리블랜드 클리닉에 도착했을 때 일입니다. 그곳 수면센터에서 만난 교수들 가운데 닥터 코타갈이라는 인도계 의사가 있었는데요. 그의 전공은 소아 수면으로 해당 분야에서의 경력이 무척 화려했습니다. 신경과 레지던트 후 간질 전임의, 소아청소년과 전임의, 수면 전임의 과정을 마치고 소아 수면 전문 교수가 된 의사였으니까요. 지금도 그렇지만 당시 우리나라에선 소아 수면이란 분야는 굉

장히 생소했었는데, 미국은 이미 오래전부터 소아 수면의 중요성을 깨닫고 실력 있는 전문의와 교수진이 계속 연구를 해왔던 거였죠.

2003년에 저는 수면 의학의 창시자인 닥터 디멘트와 닥터 길레마노가 있는 스탠퍼드대학교의 세계 최고 수면센터에서 공부를 이어갔습니다. 닥터 길레마노 밑에서 공부할 때 그는 수면에서도 특히 소아 수면의 중요성을 매번 강조했는데, 수면에 관해 공부를 하면 할수록 아이들의 수면 장애가 두뇌 발달과 성장에 놀라울 정도로 심각한 결과를 초래할 수 있다는 사실을 깨닫고 몹시도 충격을 받았던 기억이 납니다. 그리고 왜 닥터 길레마노가 그토록 소아 수면의 중요성을 강조했는지도 알았고요. 당시 수면센터에서는 '금요일 클리닉Friday Clinic'이라는 프로그램을 매주 진행했는데, 저는 지금도 이 프로그램을 잊지 못합니다. 수면 장애가 있는 아이를 위해 신경과, 치과, 이비인후과의 3과 의사들이 함께 모여 아이의 수면 장애를 미리 진단받게 하고 조기에 치료해 주는 프로그램이었거든요. 최근엔 종종 볼 수 있는 경우이긴 하지만, 저는 이때 3과 의사들이 모여 동시에 한 가족을 치료하는 모습을 생전 처음 봤습니다. 건강 검진하듯이 소아기의 수면 상태를 조기 진단하고 조기 치료를 해주는 개념도 처음 알게 되었죠. 이미 그곳에선 어릴 적에 만들어진 수면 습관이 대부분 평생을 간다는 것을 인지하고 소아 수면을 상당히 체계적으로 관리하고 있었던 겁니다. 정말 놀랍지 않나요?

이때부터 저는 소아 수면 분야를 적극적으로 연구하기 시작했습니다.

12세 이전의 수면이 평생 수면으로

스탠퍼드대학교에서 수학할 때 닥터 길레마노 교수는 소아기에 잘못된 수면은 점차 좋지 못한 수면 습관으로 굳어져 40, 50대가 되면 불면증을 유발하는 코골이나 이갈이 등의 만성 질환으로 악화된다고 경고했습니다. '세

살 버릇 여든까지 간다'는 말처럼 나쁜 수면 습관도 나이가 들수록 점점 고착화되면서 고치기가 무척 힘들어지는 것이죠. 매일 1%씩 수면의 질이 나빠지는 것을 방치하면 나중에 심각한 수면 장애를 초래합니다. 진료를 하다 보면 잘못된 수면 습관을 계속 쌓고 쌓다가 수면의 질이 망가지고 본인이 심각하다는 걸 느낄 때쯤 내원하는 환자들을 심심찮게 보는데요. 그때는 이미 수면 장애가 심각하게 진행된 경우가 대부분이었습니다.

소아기에는 아이 본인은 물론이고 주 양육자인 부모조차 잘못된 수면 습관과 수면 장애를 알아차리기 힘듭니다. 그렇기에 소아기엔 특히 아이의 수면 상태를 미리 진단하고 교정해 주는 일이 중요합니다. 또한 소아 수면 장애는 유전과 환경의 영향을 많이 받는데, 그만큼 아이는 부모의 수면 습관을 고스란히 습득하게 됩니다. 그러니 아이의 수면 습관은 '나에게서 비롯되었다'는 사실을 꼭 기억하면서 부모 스스로가 바뀌지 않으면 아이의 수면의 질과 패턴 또한 절대 바뀌지 않는다는 걸 명심해야 합니다! 본인들은 늦게까지 핸드폰을 손에 쥐고 있으면서 아이가 일찍 자기를 원하는 것은 어불성설이라 할 수 있죠.

☾ '꿀잠'은 아이의 성장을 위한 가장 '완벽한 보약'

많은 분들이 자신의 소중한 아이가 건강하고 행복하게, 그리고 똑똑하게 자랐으면 하고 바랄 겁니다. 본문에서도 다루겠지만, 수면은 우리 뇌와 많은 관련이 있는 만큼 우리 아이의 집중력과 인내심을 키우는 데 중요한 역할을 합니다. 건강한 수면은 그만큼 건강한 마음을 만들어 주기도 하죠. 더 놀라운 점은, 어릴 적 수면의 질이 아이의 외모, 바로 육체적인 성장에도 큰 영향을 끼친다는 사실입니다.

2021년에 미국 노스웨스턴대학교와 호주 퀸즐랜드대학교의 합동 연구팀은 수면 사이클을 조절하는 신경이 사람과 유사한 초파리 실험을 통해 숙면하는 동안 뇌에서 노폐물 제거 활동이 활발하게 일어난다는 사실을 밝혀냈습니다. 수면 중 뇌세포 기능을 해치는 나쁜 단백질과 피로 물질이 청소된다는 견해가 다시 한번 과학적으로 입증된 겁니다.

잠을 자는 동안 뇌하수체는 성장 호르몬인 소마토트로핀somatotropin을 생성하기도 하는데요. 좋은 잠은 이 성장 호르몬을 더욱 왕성하게 분비시킵니다. 그러므로 우리 아이가 건강하게 잘 자라길 바란다면 '수면 습관 좀 안 좋아도 곧 괜찮아지지 않을까?'라고 쉽게 생각해선 안 됩니다. '꿀잠'은 우리 아이의 성장을 돕는 가장 '완벽한 보약'이니까요.

소중한 우리 아이의 '수면 습관 지침서'

저는 이 책에서 아이들의 '꿀잠'을 위해 부모들이 일상에서 간과하기 쉬운 소아 수면 상식을 가능한 한 어려운 용어를 배제하고 사례별로 알기 쉽게 풀어내려고 노력했습니다. 또한 인터넷에 떠도는 근거 없는 이야기에 현혹되지 않도록 본격적인 내용으로 들어가기 전에 직접 우리 아이의 수면 상태를 간단히 진단해 볼 수 있도록 실제 수면 상태 진단 검사에서 활용되는 미국의 〈피츠버그 수면의 질 지수 Pittsburgh Sleep Quality index: PSQI〉 검사지를 소아 기준에 맞게 재정리하여 담았습니다. 이 검사지를 통해 먼저 우리 아이와 양육자의 수면 상태를 파악해 볼 수 있습니다.

그리고 진료 시 실제로 잠을 잘 자지 못하면서도 수면에 대한 기초 지식이 전혀 없는 분들을 꽤 많이 만나기도 하는데요. 이런 분들을 위해 본문에 앞서 '수면에 관한 기본 상식'들 중 몇 가지 중요한 포인트들을 정리해 두었습니다. 의외로 진료를 하면서 수면 패턴에도 여러 종류가 있고, 사람마다 맞는 수면 리듬이 있다는 사실에 놀라는 분들이 꽤 있었습니다. 특히 멜라토닌과 체온, 생활 리듬 등이 수면과 긴밀한 관계에 있다는 것을 모르는 분들도 많았답니다.

물론 이미 수면 관련된 책들을 접한 분들은 이 '들어

가기 전에 읽는 수면 상식' 장을 건너뛰고 바로 자신의 아이에게 해당하는 부분으로 넘어가셔도 좋겠습니다. 하지만 기존에 수면 관련 책을 한 번도 읽어 보지 못한 분들은 '0장'을 꼭 한 번 읽어 보시기를 권합니다. 본문에서 실제 사례들을 압축적으로 다루고 있어 미처 담지 못한 수면에 관한 기초 지식들이니만큼 좀 딱딱하고 지루하더라도 양이 많지 않으니 천천히 일독한다면, 본문 이해에 분명 도움이 될 겁니다.

'행복한 수면'이 '행복한 아이'를 만든다

1장부터 3장까지는 실제 진료를 바탕으로, 두뇌와 성장 발달을 저해하는 수면 습관들과 더불어 많은 사람들이 다른 질환으로 착각하고 고민하는 소아 수면 장애를 사례별로 정리해 두었습니다. 물론 실제 진료를 바탕으로 한 케이스이다 보니 각 사례에 등장하는 인물들의 연령이 3세, 7세, 12세 등 영유아에서 아동까지 모두 제각

각이지만, 여기에 소개하는 고민과 증상, 해결 방법들은 0~12세의 모든 소아에게 일어날 수 있는 장애들이니만큼 그 증상이 우리 아이와 비슷하다면 사례의 연령에 구애받지 말고 읽어 보시길 바랍니다. 천천히 읽다 보면 소아 수면의 중요성과 함께 적지 않게 일어나는 소아 수면 질환에 대해서는 어느 정도 파악할 수 있을 테니까요. 나아가 우리 아이가 현재 좋은 잠을 자는지 못 자는지 비교하고 판단해 볼 수도 있습니다. 나아가 《4~7세, 수면을 잘해야 아이가 알아서 공부합니다》는 아이의 문제점을 발견함과 동시에 부모, 즉 주 양육자가 본인 스스로 무엇을 먼저 바꾸어야 할지 검토해 볼 수 있도록 구성해 두었으니, 이 점을 잘 활용해 보시기 바랍니다. 앞서도 이야기했듯 양육자가 자기 진단을 통해 먼저 좋지 않은 습관을 인지하고 바꿔 가야만 우리 아이의 수면 문제도 더욱 빨리 개선될 수 있습니다.

불편한 잠은 어른에게도 힘든 일입니다. 그렇다면 아이들은 얼마나 더 힘이 들지 상상해 보세요. 마지막으로 저는 이 책을 통해 부디 국내에서도 많은 부모님들이 소아 수면의 중요성을 깨닫고, 12세가 넘으면 절대 바꿀 수 없는 건강한 평생 수면 습관을 소중한 우리 아이에게 만들어 주었으면 합니다. 그리하여 보다 몸과 마음이 튼튼한 아이들이, 보다 행복한 아이들이 많아졌으면 하는 바람을 가져 봅니다.

한진규 드림

우리 아이 수면 체크리스트

 영유아 수면 연구의 세계적 권위자인 하버드대학교의 주디스 오언스 교수는 '전 세계적으로 영유아 5명 중 1명이 밤에 제대로 잠들지 못하고, 잠을 자다가 중간에 깨는 등의 수면 장애를 겪는다'는 연구 결과를 발표했습니다. 드라마나 영화에도 이제 막 아기를 출산한 가정을 묘사할 때 꼭 한 번은 나오는 이야기가 있지요. 부부가 잠도 못 자고 밤새 보채는 아이를 어르고 달래는 장면입니다. 간신히 잠을 재워도 바닥에 눕히면 귀신같이 알고 잠에서 깨어난 아기를 부모는 다시 어르고 달래기를 반복합니다. 부모가 같이 지쳐서 그 자리에서 아기와 함께 잠들어 버리거나 결국은 새벽녘에 뒤늦게 잠드는 장면은 현실에서도 매우 흔한 일입니다.

🌙 우리 아이는 잘 자고 있을까?

실제로 출산 후 부부들이 가장 힘들어하는 일 중 하나가 아기를 재우는 일이라고 합니다. 아기를 재우느라 한바탕 전쟁을 치르고 나면 금방 새벽시간이 되기 일쑤입니다. 그때 가서 잠을 청해도 이미 생체의 취침 시간이 지났기 때문에 건전한 수면이 이루어지기 어렵습니다.

이런 상황은 다음 날 일상생활에 영향을 미치기도 합니다. 그리고 이러한 잘못된 수면 패턴은 만성적인 수면 장애로 진행되기도 하죠.

그렇다면 아이의 건전한 수면을 위해선 먼저 아이가 어떤 잠을 자는지 확인해 보아야 합니다. 소아, 특히 영유아는 잠이 충분하지 않거나 양질의 잠을 자지 못하면 피곤함과 졸음을 호소하는 성인과는 달리 낮에 쉽게 흥분하고 부산해지며, 집중력 저하 증세를 보이기도 합니다. 여기에 성장 호르몬이 가장 많이 분비되는 깊은 수면(3단계 수면)이 부족하면 성장 발육이 더뎌지며 면역 기능이 저하되어 감기나 호흡기 질환에 쉽게 걸리기도 하지요. 또한, 낮에 자극적인 단 음식이나 튀긴 음식을 선호하게 되어 쉽게 비만이 되기도 합니다. 비만이 되면 호흡에 문제가 생기기 쉬운데, 그로 인해 수면 장애가 더 심해질 수 있으므로 주의해야 합니다. 아이들은 자신의 상태를 말로 정확하게 표현하지 못하기 때문에 양육자가 아이의 수면 장애를 알아채기는 쉽지 않습니다. 그러므로 다음과 같은 증상이 있으면 아이의 수면 장애를 의심해 보아야 합니다.

> **여기서 잠깐!**
>
> ## 우리 아이 수면 장애 의심 증상
>
> 1. 밤새 잘 잔 것 같은데, 낮에 놀다가 꾸벅꾸벅 졸거나 피곤해 할 때
> 2. 수면 중 몸을 자주 뒤척이거나 움직이며 잘 때, 특히 엎드려 자는 수면 자세가 종종 관찰될 때
> 3. 다른 집 아이들만큼 잘 먹는데 체격이 또래 아이에 비해 작을 때
> 4. 짜증을 잘 내고, 노는 모습이 공격적일 때
> 5. 또래보다 악기나 운동을 배우는 능력이 더딜 때

하지만 아이의 수면 장애를 의심하기 전에 아이가 쉽게 짜증을 내거나 부산해지면 수면의 양, 즉 자는 시간을 늘려 보세요. 자는 시간을 늘려도 마찬가지라면 아이에게 수면의 질을 악화시키는 수면 장애가 없는지 확인해 보아야 합니다.

🌙 피츠버그 수면의 질 지수 평가하기

그럼 이제 본격적으로 수면이 우리 아이에게 미치는 영향을 살펴볼까요? 그전에 수면의 질을 객관적으로 평가할 수 있는 척도인 〈피츠버그 수면의 질 지수〉 검사지를 국내 소아 기준에 맞게 변형한 아래 문항을 통해 아이의 수면 상태를 대략 점검해 보시기 바랍니다. 아이의 수면 상태를 일정 부분 파악하고 책을 보시면 보다 많은 도움을 얻으실 겁니다.

아이를 위한 피츠버그 수면의 질 지수^{PSQI} 검사지

피츠버그 수면의 질 지수$^{Pittsburgh\ Sleep\ Quality\ index}$는 전반적인 수면의 질을 확인할 수 있는 좋은 지표입니다. 이 지수는 1989년 피츠버그대학교의 정신의학과 교수 다니엘 바이시가 개발한 조사 방법으로 수면의 질과 수면 방해로 인한 일시적 상태 변화를 측정하는 데 효과적이어서 세계적으로 가장 많이 활용됩니다.

다음은 지난 한 달 동안 아이가 어떻게 잠을 잤는지 수면 습관을 살펴보는 질문입니다. 1~5번까지 항목별로 아이에게 해당하는 점수를 체크해 보세요. 6~10번까지 항목은 주관식으로 직접 답변을 기입해 보세요.

1. A부터 J까지는 아이가 잠자는 데 어떤 문제가 있으며, 그 문제를 얼마나 자주 경험하는지를 묻는 항목들입니다. 아이에게 해당하는 부분에 체크해 보세요.	전혀 없음	1주에 0~1회	1주에 1~2회	1주에 3회 이상
A. 잠자리에 들고 30분 이내에 잠들지 못한다.				
B. 한밤중이나 새벽에 깬다.				
C. 화장실에 가려고 일어난다.				
D. 편안하게 숨 쉬지 못한다.				
E. 수면 중 기침을 하거나 코를 크게 곤다.				
F. 너무 추위를 탄다.				
G. 너무 더위를 탄다.				
H. 나쁜 꿈을 꾼다.				
I. 통증이 있다.				

J. 그 밖의 다른 이유로 아이가 수면의 어려움을 겪고 있다.				
2. 아이가 잠들기 위해 얼마나 자주 약을 먹었습니까? (처방약 또는 약국에서 구입한 약)				
3. 아이가 식사 때 또는 학교 활동을 하는 동안 얼마나 자주 졸음을 느끼나요?				
4. 아이가 집중하는 데 얼마나 자주 어려움을 느끼나요?				

	매우 좋음	좋음	나쁨	매우 나쁨
5. 아이의 전반적인 수면의 질은 어느 정도라고 평가하나요?				

6. 아이가 몇 시에 잠자리에 들었나요?	_____시 _____분
7. 아이가 밤마다 잠이 들기까지 시간이 얼마나 걸렸나요?	약 _____시간
8. 아이가 아침에 몇 시에 일어났나요?	_____시 _____분
9. 아이가 실제로 자는 시간은 하루 평균 몇 시간인가요?	약 _____시간
10. 그 외에 아이가 잠들지 못하는 다른 이유가 있다면, 그 이유를 기입해 주세요.	

* 항목별 상태 따른 점수

  0점 = 전혀 없음/매우 좋음

  1점 = 1주에 0~1회/좋음

  2점 = 1주에 1~2회/나쁨

  3점 = 1주에 3회 이상/매우 나쁨

* 합산 점수별 수면 상태

  5점 이하: 정상

  5~10점: 질이 안 좋은 수면 양상

  10점 이상: 전문의 상담을 요함

* 6번부터 10번까지는 전문의와 상담 시 아이의 수면 상태를 정확하게 진단할 수 있는 참고 문항입니다. 각자 기입해 보면서 아이의 수면 상태를 한번 점검하고 넘어가도 좋고, 점수만 측정해 보고 싶다면 주관식 답변은 생략해도 좋습니다.

0장

들어가기 전에 읽는 수면 상식

삶에서 필수 불가결한 요소인 잠에도 규칙이 있습니다. 졸음이 쏟아지면 비몽사몽간에 몸이 무거워지고 얕은 잠이 시작되지요. 그리고 뒤따라오는 깊은 잠. 아무것도 기억할 수 없는 깊은 잠이 끝나면, 꿈을 꾸게 되는 꿈 수면을 거쳐 다시 얕은 잠이 오고, 그다음은 잠에서 몸이 깨어나게 됩니다. 이것이 바로 잠입니다. 그러나 실제 잠은 이보다 훨씬 정교한 단계로 진행되지요. 그러면 우리 아이의 수면 상태를 구체적으로 파악해 보기 전에 '수면이 어떻게 이루어지는지' 간단히 살펴보고 가볼까요? 수면에 대해 기본적인 지식이 있는 독자분들도 확인차 한 번 더 짚고 가셔도 좋겠습니다. 그러나 앞서 언급한 것처럼 이미 '나는 충분히 수면에 대한 이론을 알고 있다'고 생각하시는 분들은 이 장은 건너뛰고 바로 1장부터 읽으셔도 좋습니다.

당신이 모르는
수면의 3단계

　수면은 깊이에 따라 1~3단계로 구분되는데, 각 단계마다 나오는 뇌파가 다르고, 근육의 이완 정도도 다릅니다. 게다가 수면에는 깊이에 따른 구분 외에 렘수면이라는 또 다른 단계가 존재합니다.

　잠자리에 들면 서서히 1단계 수면에 접어들고, 이후 2~3단계로 진행되며 잠이 깊어지죠. 흔히 1단계와 2단계 수면을 얕은 잠이라고 하는데, 3단계의 깊은 잠을 위한 워밍업 정도로 볼 수 있습니다. 그리고 3단계 수면이 끝나면 렘수면이 시작됩니다. 1단계에서 시작해 렘수면까지 도달하는 데 걸리는 시간은 90~120분 정도입니다. 하룻밤에 이런 순환이 4~6차례 되풀이되지만 각 단계의 시간은 그때그때 다릅니다. 수면 시간의 첫 3분의 1 시점에 3단계 수면이, 수면 시간 끝의 3분의 1 시점에는 렘수면이 집중적으로 진행됩니다. 꿈을 꾸는 렘수면의 시간은 불과 20분 내외이지만 이는 깨기 직전의 수면 단계에 해당하지요. 그래서 자고 일어나면 밤새도록 꿈을 꾼 것 같은 느낌이 드는 겁니다.

만약 너무 덥거나 추워서, 또는 입을 벌리고 자서 등 어떤 이유든 수면 중 자꾸 깬다면 1~3단계 잠과 렘수면이 일정하게 유지되지 않는다는 의미입니다. 이 중 3단계 수면과 렘수면이 줄어들면, 그다음 날 아무리 자도 피곤하고, 자면서도 꿈 수면인 렘수면이 시도 때도 없이 튀어나오게 되지요. 그러므로 이 단계별 수면이 불안정한 사람은 항상 기분 나쁜 꿈에 시달리고 잠을 설친 것 같은 느낌을 갖게 됩니다. 그렇다면 이 수면 단계들과 밀접한 관련이 있는 수면 리듬에 대해 한번 알아봅시다.

'수면의 MBTI'는 3가지
: 정상형, 저녁형, 아침형

하버드대학교의 연구 결과에 따르면 사람의 생체 리듬은 기존의 25.2시간이 아닌 24.3시간이며 자연의 변동 주기인 24시간에 훨씬 더 가깝다고 합니다. 여기서 말하는 생체 주기 패턴이란 사람에 따라 차이가 있는데, 크게는 정상형(일반형), 저녁형(지연형), 아침형(조기형)의 3가지 형태로 구분하지요. 대부분 영유아는 정상형, 청소년은 저녁형, 노인은 아침형인 경우가 많습니다.

정상형은 통상 11시 이전에 잠자리에 들고, 다음 날

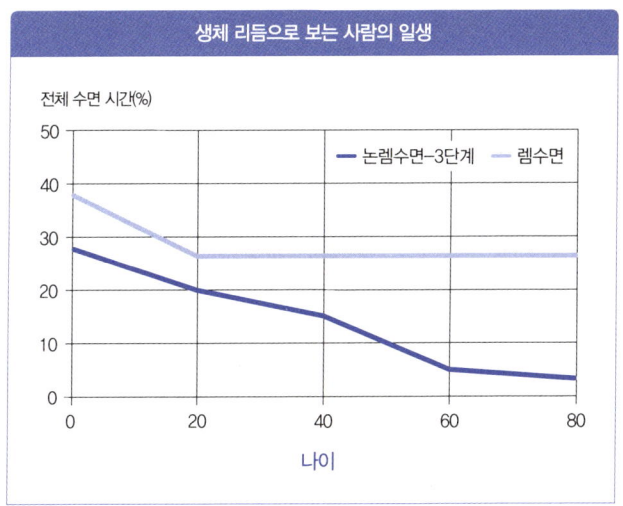

6~7시 무렵 일어나서 활동하는데요. 대부분의 사람이 이 패턴에 속합니다.

지녁형은 통상 야행성이라고 일컫는 사람들로 우리나라 초중고생의 30%가 여기에 해당합니다. 새벽 2~3시에 자서 아침 늦게 일어나는 유형이지요. 특히 성장기 청소년들은 일반 성인들보다 1시간 내지 1시간 30분가량을 더 자야만 두뇌가 원활하게 활동할 수 있습니다. 그래서 미국의 어떤 주(州)에서는 학생들의 생체 리듬을 고려해서 아침 등교 시간을 1시간 늦춰주었다고 합니다. 하지만 우리나라 학생들 대부분은 공부를 하다가 늦게 자도 아침 일찍 등교해야 하는 환경이라 절대적으로 잠이 부족한 것이 현실이죠.

반면 아침형은 저녁 9~10시에 자고, 새벽 3~4시에 일어나는데, 주로 노인들이 여기에 속합니다. 노인들이 일찍 일어나는 현상은 과학적으로 뇌에서 생체 시계를 조절하는 좌우 한 쌍으로 이루어진 조그마한 신경 핵인 시신경교차상부핵이 노화해서 나타난다고 밝혀지기도 했죠. 어쨌든 3가지 패턴 중 가장 일찍 일어나는 유형이므로 출근이나 등교에는 무리가 없습니다. 하지만 자신의 생체 시계를 무시한 채 모든 사람이 아침형 인간이 될 수는 없지요. 그래서 아침마다 자명종 시계를 2~3개씩 맞춰 놓고도 여전히 늦잠을 자는 사람이 많은 것도 현실이고요.

잠들고 깨는 시간을 결정하는 생체 시계^{biological clock}가 이렇게 사람마다 다른 건 어떻게 할 수 없는 일입니다. 이 생체 시계는 시신경교차상부핵의 유전자 양상에 따라 조절되기 때문이죠. 수면 패턴은 이렇게 유전적인 것인 만큼 그 패턴을 바꾸기가 쉽지 않습니다. 그러나 나이와 생체 시계를 고려해 점진적인 변화를 유도할 수는 있습니다.

정상형   저녁형   아침형

수면 리듬은 이미 유전적으로 정해져 있다?

앞에서도 언급했듯이 사람의 수면 리듬은 유전적으로 정해져 있습니다. 대부분의 사람은 11시에 잠들어 다음 날 7시 정도에 일어나는 수면 리듬을 가지고 있는데, 여기에 가장 큰 영향을 주는 요소가 바로 멜라토닌이라는 수면 호르몬과 체온이지요. 멜라토닌은 사람의 일상적, 계절적 생체 리듬을 조절해 주는 작용을 합니다. 보통 정상형(일반형)은 새벽 3시경에 멜라토닌이 가장 많이 분비되고, 새벽 5시쯤에 체온이 가장 낮게 떨어집니다.

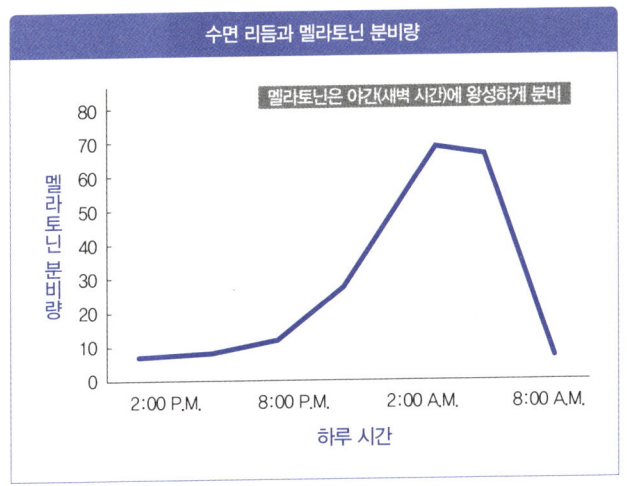

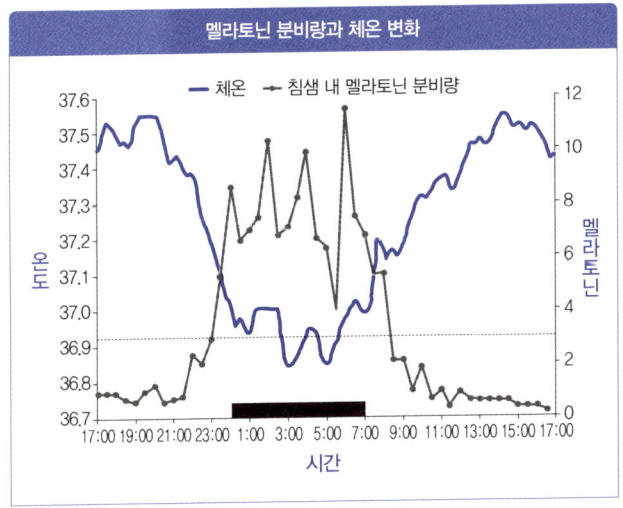

아침형은 멜라토닌 분비량이 최고점에 오르는 시간과 체온이 가장 낮게 떨어지는 시간이 일반형보다 빠릅니다. 이런 아침형 수면 리듬을 가진 사람은 전체 인구의 1% 남짓이지요. 반대로 멜라토닌 분비가 최고점에 오르는 시간과 체온이 가장 낮게 떨어지는 시간이 일반형보다 더 늦은 사람들이 있는데, 흔히 저녁형 또는 올빼미족이라고 불리는 사람들입니다. 이런 유전적인 저녁형은 전체 인구의 5% 정도입니다.

일반형이나 저녁형이 멜라토닌 분비와 체온을 고려하지 않고 억지로 아침형이 되려고 하면 당연히 잠이 부족하게 되고, 결국 몸에 여러 가지 문제가 생기게 됩니다. 그러므로 잠이 잘 오는 리듬, 즉 개개인의 숙면에 최적화된 시간을 찾는 일이 무엇보다 중요합니다.

졸음을 부르는
'자려는 힘'과 '자려는 리듬'

일반적으로 졸음은 '자려는 힘'과 '자려는 리듬'이 만나는 저녁시간에 쏟아집니다. 무슨 이야기냐 하면 오래 깨어 있을수록 자려는 힘이 강해져 졸린 건 당연하다는 얘기지요. 12시간 동안 잠을 안 잔 아이보다는 24시간 동안 잠을 안 잔 아이가 보다 쉽게 잠들 수 이유가 이 때문입니다. 그러나 자려는 힘만 가지고는 쉽게 잘 수 없습니다. 여기에 자려는 생체 리듬이 뒷받침되어야 비로소 잠이 들게 되는 겁니다.

'자려는 리듬'은 체온이 떨어지고 수면 호르몬인 멜라토닌 분비가 최고점인 시점에 최적화되는데요. 이 시점에서 '자려는 힘'과 딱 만났을 때 사람은 곯아떨어지게 됩니다. 생체 리듬은 주로 빛과 어둠에 대한 자극을 뇌 안의 생체 시계가 조절하는데, 어떤 이는 이 시간이 밤 11시이고, 어떤 이는 새벽 2시가 되기도 합니다.

수험생의 경우, 수일간 시험을 보기 위해 밤을 새운 뒤 수면 리듬이 엉클어져 아침에 늦게 일어나면, 그날 하루 리듬이 뒤로 밀려 전에 잠이 들기 시작했던 10~11시에는 잠이 오지 않아 새벽 3~4시에 자게 되는 일이 흔한데요. 이 리듬이 계속되면 일상생활에 적응이 어려워집니다. 예를 들어, 일반적인 등교 시간에 맞추어 오전 7시에 일어난다고 가정하면 전체 수면 양이 줄어들기 때문이지요.

비행기를 타고 장거리 여행을 할 때도 마찬가지입니다. 기내에서 자려는 힘은 강한데도 잠들지 못해 낮과 밤이 바뀌어는 경우가 있는데요. 기내의 기압이나 온도 등 환경적인 이유로 체온과 멜라토닌 분비를 조절하는 생체 리듬이 틀어졌기 때문에 생긴 시차증$^{jet\ lag}$을 겪는 겁니다. 이것을 흔히 시차에 의해 발생하는 수면 장애 중 하나로 보기도 하지요.

  이렇게 틀어진 생체 리듬을 되돌리고 건강한 수면 리듬을 지키려면, 야간 공부를 하든 밤샘 작업을 하든 아침 기상 시각은 항상 일정하게 유지해야 합니다.

1장

똑똑한 두뇌를 만드는 '꿀잠'

일반적으로 지능은 유전된다고 알려져 있지만 기억, 판단, 창조, 사고 등을 관장하는 대뇌의 신피질 기능은 별로 유전의 영향을 받지 않는 것으로 밝혀졌습니다. 즉, 똑똑한 머리도 후천적으로 만들 수 있는 셈이지요. 따라서 아이의 두뇌 발달을 자극하려면 그저 열심히 공부만 시키거나 책벌레가 되게 할 게 아니라 먼저 생활 습관부터 바로잡아 줘야 합니다. 아이가 규칙적인 식습관을 갖고 적절한 휴식과 충분한 수면, 운동 등을 할 수 있는 환경을 조성해 주는 것이 중요하죠! 그리고 그 바탕이 바로 올바른 '수면 습관'입니다. 그렇다면 이러한 수면이 우리 아이의 뇌에 어떤 영향을 어떻게 미치는지 좀 더 상세히 알아볼까요?

후천적으로 만들 수 있는
똑똑한 머리

세계적인 과학전문지인 〈뉴사이언티스트〉에 보면 이런 글이 있습니다.

'수면에 인색하면 뇌에 나쁜 영향을 준다. 기획, 문제 해결, 학습, 집중, 기억, 경계 능력 등이 모두 타격을 받게 된다.'

아울러 미국 캘리포니아 대학교의 션 드러먼드 교수는 '사람이 21시간 연속으로 깨어 있다면 그 상태는 음주 운전의 법적 처벌 기준을 초과할 정도로 술에 취한 사람과 비슷하다'고 지적하며 수면 부족의 심각성을 경고했습니다.

바로 기억력과 집중력이 숙면과는 떼려야 뗄 수 없는 밀접한 관계라는 뜻이죠.

🌙 뇌 발육에 꼭 필요한 잠

갓 태어난 아이의 생활 패턴은 먹고 자고를 반복하는데요. 뇌를 구성하는 뇌세포, 즉 뉴런은 자는 동안에 활발하게 생성됩니다. 그래서 뇌의 빠른 성장과 발달을 요하는 신생아들은 더 많은 잠을 자는 거고요. 이후 성장이 지속되는 청소년 시기까지는 최소 9시간 이상의 잠으로 정상적인 뇌 발육이 이루어지도록 해야 하지요. 그러고 나서 청년기를 거쳐 성인이 되면 더 이상의 성장이 필요치 않으므로 수면의 양이 자연스럽게 감소합니다. 다시 말하면, 뇌 성장이 절실한 유아기에는 많은 양의 잠이 필요하지만, 뇌 성장이 멈춘 성인은 나이가 들면서 수면의 양이 저절로 줄어 적게 자게 된다는 이야기죠.

특히 12세 이하 아이들은 수면의 양이 적거나 수면의 질이 낮으면 주의력 결핍, 집중력 장애, 학습 장애, 행동 장애 및 성격 장애와 같은 증상의 발현 빈도가 성인보다 3배 더 높다고 합니다.

앞서 말했듯 수면 중에는 새로운 뉴런 발달이 이루어지며, 동시에 뇌세포의 기능을 해치는 나쁜 단백질 및 각종 피로 물질의 청소가 이루어지는데요. 그래서 아무리 피곤해도 푹 자고 나면 개운해지고 새로운 에너지가 생기게 됩니다. 그렇기에 아이의 두뇌 기능 및 학업 능력을 최대한 발달시키기 위한 첫걸음은 바로 올바른 수면이라고 볼 수 있는 겁니다.

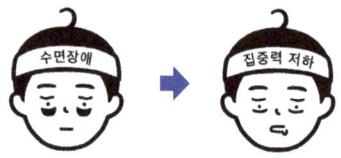

학습 능력을 키워 주는 잠

잠은 기억력, 지구력과 밀접한 관련이 있습니다. 하버드대학교 의과대학의 정신과 전문의이자 수면 연구자인 스틱골드 박사는 수면과 기억력의 상관관계를 살피는 실험을 통해 '새로운 것을 배우거나 연습하는 경우, 무리하지 않고 적당히 하다 잠을 자는 것이 밤을 새우는 것보다 다음 날 더 많은 것을 기억할 수 있다'고 밝혔습니다. 그는 24명을 대상으로 실시한 실험에서 수평으로 줄이 처진 컴퓨터 스크린에 6분의 1초 동안 나타나는 사선 막대 3개가 어느 방향을 가리키고 있는지를 확인하게 했는데, 이 중 12명은 8시간 동안 밤잠을 자게 하고, 나머지 12명은 잠을 못 자게 했습니다. 그 결과 잠을 잔 그룹은 첫날 테스트 때보다 훨씬 성적이 좋게 나타난 반면, 밤을 새운 그룹은 성적이 좋지 않게 나왔지요. 이후 스틱골드 박사 연구팀이 하버드대학교 학생들을 대상으로 한 실험에서도 규칙적인 수면을 취한 학생들의 학업 성취도가 그렇지 않은 학생들보다 더 높은 것으로 나타났습니다. 이 결과는 수면이 기억력, 바로 학습 능력에 어떤 영향을 미치는지를 단적으로 보여 주는 하나의 예라고 할 수 있죠.

만일 수면의 양이나 질을 무시한 채 아이들이 시험 준비나 과외 활동 등으로 무리한 일상을 보내고 있다면 잊지 말아야 합니다. 충분한 수면이야말로 아이들의 기본 공부 능력을 높이는 지름길이라는 사실을 말이죠! 그럼, 이어서 구체적인 사례를 통해 아이의 두뇌 발달과 학습 능력에 영향을 미치는 수면을 살펴봅시다.

가짜 주의력 결핍 장애 ADHD, 산만한 아이 무엇이 문제일까요?

    초등학교 1학년 자녀를 둔 김동우(가명) 씨는 얼마 전 아이의 담임 선생님한테 연락을 받았습니다. 아들 지호(가명)가 수업 시간에 교실을 제멋대로 돌아다니고 자리에 앉아서도 집중하지 못한다는 이야기를 들었습니다. 김동우 씨는 평소에 지호가 아직은 어리고 외향적 기질을 가진 아이라 생각해 대수롭지 않게 여기고 있었는데요. 초등학교에 입학하고도 반복되는 지적에 주의력 결핍 장애와 관련된 검사를 받기 위해 병원을 찾았습니다.

우선 지호는 소아정신과를 방문하여 주의력 결핍 장애 진단 검사를 받았는데요. 병원에서는 지호의 검사 점수가 17점인 것을 보고 19점 이상 시 진단되는 주의력 결핍 장애에는 모자라고 정상보다는 높은 가짜 주의력 결핍 장애 pseudo ADHD에 가깝다는 소견을 보였습니다. 김동우 씨는 이런 증상이 수면과 관련될 수 있다는 말에 깜짝 놀라 지호를 데리고 수면 클리닉을 찾았습니다.

수면 클리닉에서 지호는 먼저 코밑에 공기 흐름과 산소 포화도를 측정하는 수면다원검사를 받았습니다. 검사에서 지호는 구강 호흡과 심한 코골이로 인해 얕은 수면과 잦은 각성을 드러냈습니다. 바로 소아 수면 무호흡증을 앓고 있었던 거죠. 소아의 뇌는 성인과는 달리 무호흡 지수(1시간당 무호흡 숫자)가 1 이상(성인은 5 이상)만 되어도 영향을 받습니다. 그런데 뇌가 아직 미성숙하고, 구강 구조가 성인과는 달리 숨 쉴 공간이 넓은 아이들은 웬만하면 무호흡 증상을 크게 보이지 않지요. 지호의 무호흡 원인은 큰 편도와 아데노이드 비대증(인두의 보호 기관인 인두편도가 여러 가지 장애를 일으키는 질병)이었습니다. 이는 지호가 자주 앓던 감기와 호흡기 질환과도 연관이 있었습니다. 지호의 경우, 구강을 넓혀 주는 아데노이드 편도 제거tonsil and adenoidectomy 수술이 필요했는데, 수술을 받은 후 지호의 수면 무호흡은 완치되었습니다. 수술 두 달 뒤 김동우 씨는 클리닉에 방문하여 "지호가 성격이 완전히 바뀌었어요. 매사에 진득하고 침착해졌어요. 참 신기하네요."라고 말씀하셨답니다. 지호의 가짜 주의력 결핍 장애는 수면 무호흡에서 비롯된 것이었습니다. 지호의 경우와 같이 혹시 주위에 부산한 아이가 있다면 먼저 아이의 잠자는 모습과 수면 중 호흡 상태를 살펴보아야 합니다.

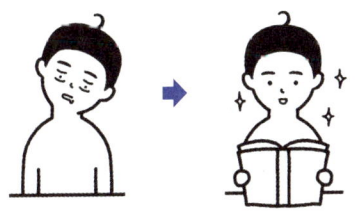

🌙 수면 부족이 만드는 '가짜 주의력 결핍 장애'

주의력 결핍 장애^{ADHD}란 소아기에 일반적으로 나타나는 정신 장애로 주의가 산만하고, 활동이 지나치게 많고, 충동적인 행동을 하는 것이 특징입니다. 미국 소아과 학회 통계에 따르면 평균 학령기 소아 중 3~8%가량이 이 질환을 앓고 있다고 합니다. 교실 내 1~2명의 아이가 이 질환을 앓고 있다는 얘기인데, 성별로는 남자아이가 여자아이보다 많고 성인까지 질환이 이어지는 경우도 30~70% 정도나 됩니다.

실제로 산만한 아이를 둔 대부분의 부모들은 아이의 부산한 행동을 아이 탓으로 돌려 자꾸 지적하거나 꾸짖고 심지어 버릇을 잡아 준다고 약간의 체벌을 가하기도 하지요. 그러다 더 심하게 부산해지면 혹시 요즘 말하는 주의력 결핍 장애가 아닌지 의심하고 걱정하게 됩니다. 물론 주의력 결핍 장애가 원인일 수 있지만, 그럴 땐 이보다 더 흔한 상황인 수면 장애를 먼저 생각해야 봐야 합니다. 주의력 결핍 장애의 40%는 수면 부족으로 인한 가짜 주의력 결핍 장애라는 보고가 있기도 하니까요. 주의력 결핍 장애 증상이 소아 수면 장애를 앓고 있는 아이들에게서도 상당 부분 나타난다는 점에 주목해야 합니다.

수면에 문제가 있어 깊은 잠을 못 자거나 야간 수면의 양이 부족하면 아이들은 어른과 달리 낮에 졸려 하지 않고 더 쉽게 흥분하고 부산해지죠. 오히려 잠이 부족한 아이들은 낮 동안에 더욱 활발하게 움직여서 졸음이나 피로를 쫓으려고 하는 행동을 보이기도 합니다. 이러한 과잉 행동은 부족한 잠으로 인한 피로감을 더욱 심화시켜 수업 시간에 집중력을 떨어뜨리고, 적절한 행동에 필요한 판단력을 흐리게 하지요. 바로 이 수면 부족 때문에 아이는 평소 산만하고 안절부절못하는 모습을 보이며 교우 관계도 원만하지 않게 됩니다. 이럴 땐 아이의 수면 상태를 확인해 보아야 합니다. 만일 아이의 수면에 문제가 발견된다면, 가능한 한 빠르게 적절한 조치나 치료를 해 주어야 하지요. 그래야 과잉 행동, 집중력 장애, 학습 장애로 이어지는 악순환을 예방할 수 있습니다.

🌙 수면 장애로 벌어지는 무서운 일들?

만성적인 수면 부족은 주의력, 인내력, 학업 수행 능력을 떨어뜨립니다. 주의력 결핍 장애를 가진 아이에게서는 불면증이 종종 관찰됩니다. 수면과 주의력 결핍 장애는 상당한 연관성이 있기 때문이지요. 주의력 결핍 장애 증세를 보이는 아이라면 앞에서도 언급했듯이 '부산한 아이라서 잠을 안 잔다'고만 여길 것이 아니라 '잠을 제대로 못 자서 산만하다'고 의심해 보아야 합니다. 이런 의심을 바탕으로 아이들의 수면 패턴을 관찰하는 것 역시 중요합니다.

그런 아이들에게서는 대표적으로 코골이와 수면 무호흡 증상이 흔히 발견되는데, 그 증상은 코에서 후두까지 상기도가 일부 또는 전체적인 폐쇄로 나타납니다(p.57 상단 이미지 참조). 주로 편도선과 아데노이드 비대가 주된 원인이지만 알레르기성비염이나 축농증에 의한 코막힘으로 인해 발생하는 경우도 있지요. 이와 같은 수면 질환은 수면 호흡 시 산소 부족을 초래하기 때문에 전전두엽

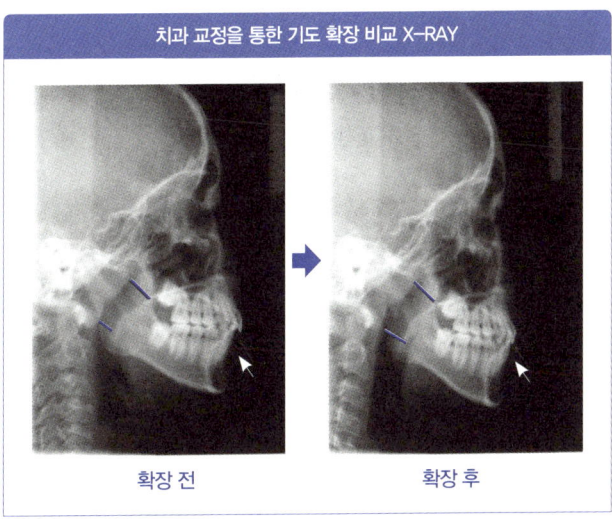

치과 교정을 통한 기도 확장 비교 X-RAY

확장 전 → 확장 후

prefrontal cortex의 기능을 감소시키기도 합니다. 전전두엽의 기능 감소는 행동 장애, 감정 조절, 기억과 인지 능력에도 영향을 미치기 때문에 수면 장애가 진짜 주의력 결핍 장애로 발전할 수도 있습니다. 안타깝지만 실제로 최근 아이들의 주의력 결핍 장애가 불면증 때문에 발생한다는 사례가 많이 보고되기도 합니다.

소아 코골이, 왜 우리 아이는 자도 자도 졸려 하는 걸까요?

주부 강민지(가명) 씨는 최근 아들 민호(5세, 가명)의 코골이가 걱정이었습니다. 처음에는 낮에 열심히 놀아 피곤해서 그런가 보다 하고 넘겼지만 점차 코를 고는 정도가 너무 심해졌지요. 아들의 우렁찬 코골이에 가족 모두가 밤잠을 설치게 된 것은 물론, 충분히 잤는데도 일어나기 힘들어하며 칭얼대는 민호 때문에 엄마 민지 씨는 더욱 힘들어졌습니다. 이후 한참을 괴로워하다 참다못한 민지 씨는 민호와 함께 수면 클리닉을 찾아왔습니다.

수면 중 호흡 시 발생되는 비정상적인 소음을 코골이라고 하는데요. 코골이는 질환명이 아니고 수면 중 소리가 발생하는 현상을 말하죠. 코를 고는 아이가 전부 무호흡이 있는 건 아닙니다. 수면 무호흡이란 수면 중 발생하는 불규칙한 호흡으로 인해 심장과 뇌가 시간당 1회 이상 무리를 받는 상황을 가리킵니다. 우리 아이의 코골이가 수면 무호흡을 포함한 코골이인지 아닌지는 수면다원검사를 받지 않고는 정확히 알 수 없습니다. 그래서 우선 민호도 수면다원검사를 받도록 했습니다.

수면다원검사 결과, 민호는 중등도^{中等度} 수면 무호흡으로 진단되었습니다. 기도를 촬영해 보니, 기도 중간에 편도가 발견되어 편도 및 아데노이드 제거 수술을 먼저 받게 했습니다. 여기서 중요한 포인트는 일반적으로 편도 및 아데노이드가 큰 사람만을 수술 대상자로 생각하는데, 사실은 크기가 중요한 게 아닙니다. 수면다원검사에서 수면 무호흡이 확진되면 크기와 상관없이 수술 대상자가 되는 거지요. 민호는 편도 수술 후 6개월이 지난 다음 다시 시행한 수면다원검사에서 무호흡 증세가 50%가량 좋아졌고, 그 이후 치과 교정을 통해 현재는 정상 수면을 유지하고 있습니다.

수면 호흡 장애

누구나 피곤하면 코를 골 수 있는데요. 문제는 무호흡입니다. 아이들은 아주 심한 무호흡이 아니면 수면 중 숨을 멈추지 않기 때문에 육안으로는 알 수 없습니다.

다만 자는 동안 아이의 행동이나, 낮 동안 아이의 피로도 및 집중력 등을 보고 수면 무호흡에 대한 추측은 가능하죠. 그런데 여기서 가장 중요한 점은 성장기 어린이의 정서 발달 및 학습 능력의 변화입니다. 소아 코골이는 기억력과 학습 능력뿐만 아니라 감정 조절 능력을 저하시킬 수 있으므로 각별한 주의가 요구됩니다. 코골이와 구강 호흡 등의 수면 호흡 장애가 있는 아이들은 갑자기 공격성을 띠거나 성격이 급변해 과잉 행동을 보이는 경우가 많기 때문입니다.

미국 예시바대학교 카렌 보너크 박사팀의 연구 결과에 따르면 생후 6개월에서 7살까지 아이들 중 수면 호흡 장애가 있는 아이들은 정상 아동에 비해 신경 행동 장애를 보일 가능성이 40~100%까지 높다고 합니다. 그 이유는 코골이로 인해 뇌의 핵심 기능을 담당하는 전전두엽에 산소 공급이 줄어들고, 이산화탄소가 증가하면서 뇌의 집행 기능(집중, 기획, 조직), 행동 억제 기능, 감정 조절 기능이 손상되기도 하기 때문입니다. 그렇다면 우리 아이의 수면 호흡 상태는 어떻게 알 수 있을까요?

🌙 수면 호흡 장애 살펴보기

수면 중에는 코로 숨을 쉬는 것이 정상입니다. 그런데 코 아래 있는 기도가 좁은 아이들은 자다가 기도가 막히면 입으로 숨을 쉬지요. 그러다가 숨을 편하게 쉬기 위해 무의식적으로 옆으로 자려고 합니다. 아이가 자주 옆으로 잔다면 수면 전문가에게 검사를 받아 보는 게 좋습니다. 이외에도 엉덩이를 곧추세우고 자는 아이들도 주시해야 합니다. 이 자세는 전형적인 수면 호흡 장애를 가진 아이의 자세로 볼 수 있습니다.

수면 호흡 장애가 있는 아이의 수면 자세

1. 옆으로 자는 자세

2. 엉덩이를 곧추세우고 자는 자세

여기서 잠깐!

아이의 자는 모습으로 알아보는 수면 호흡 장애

1. 코를 골거나 불규칙하게 숨을 쉰다.
2. 숨이 잦아들다가 거칠어진다.
3. 입을 벌리고 잔다.
4. 조그만 소리에 놀라 자주 깬다.
5. 심하게 뒤척이며 잔다.
6. 쉽게 잠들지 못한다.
7. 다리를 반복적으로 차거나 움찔거린다.
8. 주로 옆으로 누워서 자거나 엎드려서 잔다.
9. 악몽을 자주 꾸거나, 꿈꾸면서 손발을 허우적거린다.
10. 수면 이상증(몽유병, 심한 잠꼬대, 수면 중 경악 등의 증세)을 보인다.
11. 야뇨증(소변 가리기 장애)가 만 5세 이후 한 달에 2번, 만 7세 이후 한 달에 1번 이상 있다.

아이가 잘 때 위에 언급된 자세가 2가지 이상 관찰되면 아이의 수면 호흡 장애를 의심해 보아야 합니다.

잠자는 자세를 관찰하는 것 외에도 아이의 평소 호흡 상태를 간단하게 확인할 수 있는 방법이 있습니다. **아이가 입을 최대한 벌리고 혀를 앞으로 뺐을 때, 그 혀의 위치를 확인하는 방법입니다.** 이때 소아 무호흡 자가 진단에서 3단계 이상(p.68 〈소아 무호흡 자가 진단법〉에서 혀 위치 참조)은 혀의 위치로 수면 무호흡을 의심하게 됩니다.

이렇게 관찰했을 때 아이의 수면 호흡 장애가 의심된다면 먼저 전문의와 상담 후 수면다원검사를 받아야 합니다. 수면다원검사는 수면 장애의 원인을 정확히 진단해 줍니다. 검사를 해 보면 수면 호흡 장애를 보이는 아이들에게 주로 치과 교정이나 양압기 치료가 필요한 경우가 많은데요. 아이들은 기도가 아직 형성되지 않았기 때문에 성장의 힘을 이용한 치과 교정만으로도 기도를 확장할 수 있습니다. 그러나 치과 치료를 끝내고 수면다원검사를 재시행했을 때도 여전히 무호흡이 발견된다면, 그때는 양압기로 치료를 마무리해 주어야 합니다. 하지만 수면 호흡 장애의 원인은 다양하므로 그 원인을 파악하고 그에 맞는 치료를 하는 것이 중요하지요. 그렇다면 수면 호흡 장애의 원인과 부모님들이 가장 궁금해 하시는 해결책, 즉 치료법에는 어떤 것들이 있는지 알아볼까요?

소아 코골이 및 수면 무호흡의 원인, 편도

"편도선 수술을 시켜야 할까요?"

소아 코골이 환자를 치료할 때마다 부모님들로부터 가장 많이 받는 질문입니다. 성인과 다르게 소아는 편도와 아데노이드라는 면역 담당 기관이 코 뒤와 혀 아래 기도 중간에 자리 잡고 있지요. 그래서 소아 코골이 치료 시 부모님들이 가장 먼저 고려하는 치료가 편도선 수술입니다. 비대한 편도가 호흡을 방해한다고 믿기 때문인데요. 정상적인 편도와 아데노이드는 12세 전후로 자연 소실됩니다. 그러나 호흡기 염증 질환을 오래 앓거나 수면 무호흡증이 있는 아이들의 편도는 자연 소실되지 않습니다. 오히려 나이가 들면서 구강 호흡을 심화시켜 수면 무호흡의 주요 원인이 되거나 만성 불면증 및 수면 장애를 일으키는 주요 요인으로 자리 잡게 됩니다.

"어떤 증상일 때 편도선 수술을 고려해야 할까요?"

이비인후과 선생님은 수술을 권하고, 소아과 선생님은 면역력이 떨어진다고 말리는데 어떻게 해야 하냐고 고민을 토로하시는 부모님들이 많습니다. 미국 소아학회에서는 편도선 수술은 수면다원검사를 통해서 신중하게 결정하라고 제안합니다. 편도의 크기와 소아 코골이의 원인이 항상 일치하지 않기 때문이죠. 다시 말해 편도의 크기가 중요한 것이 아니라 호흡 곤란 지수, 혈액 내 산소 포화도 등 수면다원검사 결과에 따라 정확히 치료해야 한다는 이야기입니다.

소아 코골이의 경우, 수면다원검사 없이 편도가 크다고 무작정 제거하면 안 됩니다. 편도가 아이의 코골이에 어떤 영향을 미치는지 확인하는 게 우선입니다. 육안으로 볼 때 아무리 편도가 커도 그 편도가 아이의 수면에 전혀 영향을 미치지 않으면 굳이 전신 마취를 해야 하는

> **여기서 잠깐!**
>
> ## 수면다원검사에 따른 소아 코골이 편도선 수술 기준
>
> 1. 시간당 호흡 곤란 지수(AHI)가 2 이상일 때
> 2. 이산화탄소 지수가 올라갈 때
> 3. 혈액 내 산소 포화도가 93% 이하일 때
> 4. 시간당 각성 지수(깨는 횟수)가 10 이상일 때
> 5. 생후 36개월이 지났을 때, 또는 몸무게가 15kg 이상일 때
> 6. 편도 크기가 3단계 이상일 때
>   (《소아 무호흡 자가 진단법》에서 편도 크기 참고)

수술은 하지 않아도 됩니다. 반면에 그 크기가 아무리 작아도 해당 편도가 아이의 수면과 성장 발육에 문제를 일으킨다면 적극적으로 제거 수술을 해야 하죠. 만약, 수면다원검사 상 아데노이드나 편도의 비대가 수면 장애의 주원인이라면 수술 치료로 90% 이상이 완치될 수 있습니다.

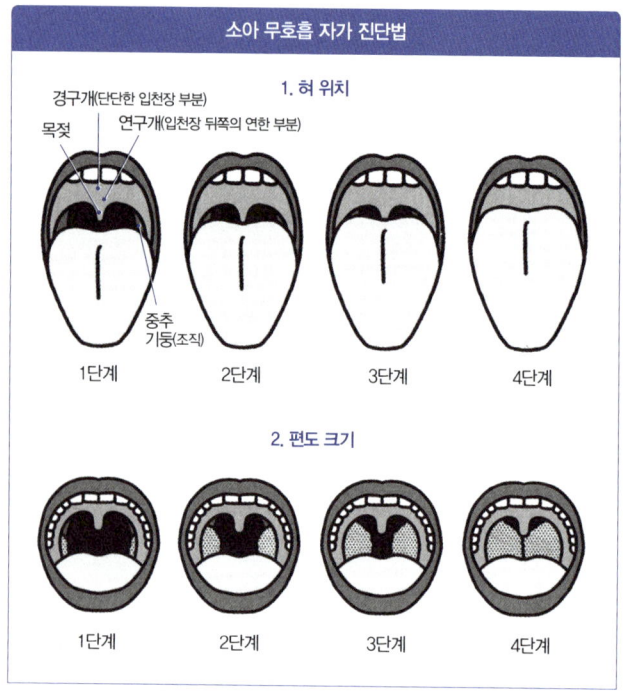

"편도 치료 시기는 언제가 좋을까요?"

편도는 턱뼈와 얼굴뼈가 성장하기 전인 4~6세 사이에 치료하는 것이 가장 좋습니다. 이때 편도 제거 후 아이의 코골이 증상이 줄어들면 치료를 중단하는 경우가 많은데, 수술 6개월 뒤에는 반드시 다시 수면다원검사를 받고 호전 정도를 확인해야 합니다. 만약 호전은 됐지만 완치된 게 아니라면 그다음 원인을 찾아야 합니다. 편도 제거 후에도 좁은 기도나 소아 비만 등으로 인해 코골이가 재발하기도 하니까요. 많은 아이들이 편도 제거 수술 후 6개월에서 1년까지는 수면의 질도 좋아지고 코도 골지 않아 수술 치료에 만족하고 수면다원검사를 받지 않고 넘어가는데요. 선천적으로 혀가 크거나 기도가 좁은 아이들은 성장하면서 편도 제거 자리로 혀가 밀려 기도를 막아서 다시 수면 장애를 겪기도 합니다. 또 유전적으로 기도가 성장하지 못한 아이들의 경우, 시간이 지나면서 코골이나 무호흡이 재발하는 사례도 많습니다. 그러므로 반드시 수술 후 수면다원검사를 통해서 무호흡 완치 여부를 꼭 다시 확인해야 합니다.

수면 호흡 장애의 원인, 기도氣道

최근 질 좋은 잠의 중요성이 부각되면서 소아 수면에

대한 관심도 높아지고 있는데요. '평생 숨길인 기도의 성장은 열두 살이면 멈춘다'는 의학계의 정설이 어느 때보다도 크게 다가옵니다. 실제로 기도의 성장은 12세(만 10세)가 되면 멈춥니다. 그래서 소아 수면이 특히 중요한 거죠. 코골이와 수면 무호흡의 원인이었던 편도 및 아데노이드 제거 수술을 받고도 여전히 아이가 코를 골거나 낮 시간에 계속 피곤해 하고 집중력이 저하된 모습을 보인다면 아이의 기도 모양을 확인해 보아야 합니다.

수면 호흡 장애의 원인에는 여러 가지가 있지만, 숨을 쉴 수 있는 기도가 좁은 것도 주요 원인 중 하나이니까요. 기도가 좁으면 산소 전달이 원활하게 이뤄지지 않아서 심장과 뇌 성장에도 지대한 영향을 미치게 됩니다.

기도가 좁은 형태로 성장한 사람은 평생을 수면 장애로 고통받게 됩니다. 앞에서도 언급했듯이 기도의 성장은 12세 경이 되면 멈추므로 될 수 있으면 그전에 아이의 기도가 좁지는 않은지 검진과 치료를 해 주어야 합니다. 기도 성장이 끝난 성인의 치료는 성장기 아이보다 치료 기간도 길고 더 큰 노력이 필요하기 때문입니다.

🌙 수면 무호흡의 원인, 폐 및 횡격막 기능 저하

수면다원검사에선 수면을 꿈을 꾸는 수면(렘수면)과 꿈을 꾸지 않는 수면(비렘수면)으로 구분하는데, 꿈을 꾸는 수면인 렘수면에서 유독 수면 무호흡이 많이 발생합니다. 수면 중 횡격막 기능의 저하가 수면 무호흡을 유발한 경우라고 볼 수 있지요. 소아 비만으로 인해 수면 중 횡격막이 눌리면 이런 상황이 발생할 수 있고요. 유전적으로 수면 중 폐 기능 저하, 천식, 만성 폐쇄성 폐 질환을 앓고 있을 때도 수면 무호흡 증상이 나타나기도 합니다.

이때는 어떠한 수술적 치료도 효과가 없습니다. 반드시 양압기를 사용하여 폐 및 횡격막 기능을 개선해 주어야 합니다. 편도가 기도를 막는다고 수술을 하면, 기도는 열렸지만 폐 기능은 여전히 떨어진 상태로 있기 때문에 공기 흐름은 계속 막히게 됩니다. 다시 말해 넓어진 입구(기도)에 비해 호흡(폐)은 모자란 상태가 되는 겁니다. 이렇게 되면 공기 흐름에 변화가 생겨 더욱더 코를 골게 됩니다. 이런 상황에서는 오히려 수술이 독이 될 수도 있지요.

수면 무호흡은 뇌파 각성 혹은 뇌내 산소 저하를 일으켜 교감신경을 증가시키고, 낮 동안에 집중력 저하와 학습 장애 및 주의 산만을 야기하기도 합니다. 이러한 수면 무호흡 때문에 잠 못 자고 산만해진 아이를 양압기로 적절하게 치료했더니 행동이 차분해지고 학습 능력도 높아진 사례가 많았습니다.

앞에서 언급된 '가짜 주의력 결핍 장애' 사례의 지호도 편도를 제거한 후 양압기 치료를 3개월 정도 시행했는데요. 수업 시간에 10분도 가만히 있기 힘들어하던 아이가 3개월 뒤엔 40분 동안의 수업 시간 내내 차분히 앉아 있게 되었다고 합니다. 그러면서 집중력이 점점 좋아졌고, 기억력과 학업 능력도 동반 상승해서 이제는 다른 아이들에게 모범을 보일 정도로 학습 태도도 좋아졌고요. 그만큼 아이의 교우 관계도 덩달아 원만해졌다고 전해 왔습니다.

최근에는 소아 양압기 마스크도 아이들에게 맞는 작은

형태로 나와 있습니다. 그리고 2018년 7월부터 건강 보험도 지원되므로 큰 부담 없이 치료할 수 있게 되었습니다. 필요하다면 전문의의 진단에 따른 양압기의 사용도 수면 무호흡을 치료할 수 있는 좋은 방법 중 하나입니다.

여기서 잠깐!

양압기 치료

양압기 치료는 혀 아래 기도 및 폐, 횡격막, 뇌 기능에 문제가 생겨 수술적인 치료가 불가능한 상태에 있는 무호흡 환자를 치료하는 유일한 방법으로 비정상 호흡을 정상으로 되돌려 주는 호흡 재활 치료입니다. 어릴 때 양압기를 꾸준히 사용하여 호흡 기능이 좋아지고 기도가 넓어지면 성인이 됐을 때는 양압기를 사용하지 않아도 되는 경우가 많습니다. 그러므로 어린 시절에 양압기 치료를 시작했다면 무호흡이 완치될 때까지 지속적으로 사용해야 합니다. 그러나 유전적으로 수면 호흡에 문제가 있는 아이들은 성인이 된 후에도 주 4~5회 정도 양압기를 사용하여 수면 장애 및 뇌 기능 저하를 예방해 주어야 합니다.

2018년 7월 1일부터 보건복지부에서는 만 12세 미만 소아의 수면다원검사 결과에서 무호흡 지수가 1 이상이면서 주의력 결핍 장애 진단을 받거나 학습 장애 및 행동 장애가 보이는 아동에게 행하는 양압기 치료를 건강 보험 대상으로 지정하였습니다.

* **소아 양압기 치료 건강 보험 급여 대상자 기준**
  소아(12세 이하)
  1. 무호흡-저호흡 지수(AHI)가 5이상 또는,
  2. 무호흡-저호흡 지수(AHI)가 1이상 이면서
     아래 증상 중 하나에 해당 시
     - 불면증 · 주간 졸음 · 부주의-과행동증
     - 아침 두통 · 행동 장애
     - 학습 장애 · 산소 포화도가 91% 미만

소아 기면증, 시도 때도 없이 잠드는 우리 아이 어떡하죠?

 수면 클리닉을 찾은 혜수(10세, 가명)는 시도 때도 없이 잠이 드는 증세로 수면 클리닉을 찾아왔습니다. 혜수는 화를 내거나 웃다가도 갑자기 힘이 빠져 곧바로 잠이 들곤 했습니다. 이러한 증상은 학교 수행 평가 도중 본인도 모르게 잠이 들게 된 이후에 생신 것이었지요. 일상생활에 지장이 생길 정도로 시도 때도 없이 잠드는 혜수는 학교 수업이나 수행 평가 이야기만 나와도 스트레스를 받았고, 온몸에 힘이 빠지는 증세를 보이며 쓰러지기를 반복했습니다.

혜수 어머니 말에 따르면 과거에도 동생과 심하게 싸운 뒤 깨어나지 못하고 계속 잠을 잤다고 합니다. 그때마다 억지로 깨우면 간신히 일어날 때도 있지만 그렇지 못한 경우가 더 많았고요. 설령 일어난다 하더라도 심한 짜증을 내는 일이 잦았습니다. 또 혜수는 때때로 잠들거나 잠에서 깰 때 가위눌림이나 무서운 생각으로 꿈과 현실을 구별하지 못할 때도 많았습니다. 하지만 신기하게도 혜수는 낮에 많이 졸린 것에 비해 밤에는 누워 있어도 오랜 시간 잠들지 못하고 자주 뒤척이거나 잠들어도 금방 깨어났지요. 최근에는 학교 점심시간에 쏟아지는 잠을 이기지 못해 그 시간에 엎드려 자야만 그다음 수업이 가능할 지경까지 가기도 했고요.

상담 후 혜수의 주간 졸음 excessive daytime somnolence 정도를 평가하기 위해 〈엡워스 졸음 설문 Epworth Sleepiness Scale〉(p.79 참조)을 작성하게 했는데, 그 상태는 생각보다 심각했습니다. 기타 병력으로 낮에 갑자기 쓰러져 자는 수면 발작 cataplexy, 잠들기 전에 몸이 마비가 되는 가위눌림 sleep paralysis, 잠들 때 생기는 환각 hypnogogic hallucination 등의 증상이 모두 있어 기면증을 의심하고 수면다원검사를 실시했습니다.

검사에서 혜수는 자다가 자주 깨는 모습을 보였고, 급속 안구 운동이 나타나는 수면 상태에서 일반적으로 꿈을 꾸는 단계인 렘수면이 잠든 지 24분 만에 나타났습니다. 이후 아이의 졸음을 객관적으로 평가하기 위해 다중수면잠복기 검사를 4회 실시했는데요. 이를 통해 아이가 얼마나 빨리 잠이 드는지, 잠든 후 렘수면이 얼마나 빨리 나타나는지를 관찰했습니다. 혜수의 평균 수면 잠복기는 1분 13초였으며, 렘수면이 나타나는 평균 시간은 6분이었습니다. 4회의 검사 모두에서 아이는 지나치게 빨리 잠이 들었는데요. 이를 보고 혜수의 증상을 기면증으로 진단했습니다. 그리고 낮에 쏟아지는 잠과 갑자기 쓰러지는 발작을 막아 주기 위해 혈액의 세로토닌 성분을 올려 주는 약물인 SSRI^{Selective Serotonin Reuptake Inhibitor} 계열 약을 처방해 주었습니다. 그 후 혜수는 주간 졸음 증세와 스트레스로 쓰러지는 증상이 현저히 좋아졌습니다. 그뿐만 아니라 수업 시간에 조는 현상도 사라지게 되어 학업 성취도도 높아지게 되었습니다.

우리에게 기면증이라는 수면 장애는 아직 많이 낯설죠. 그런데 최근 소아 기면증이 많이 늘어나고 있습니다. 혜수의 사례처럼 과도한 주간 졸음은 학교생활뿐만 아니라 추후 성인이 되어 사회생활을 수행하는 데 큰 걸림돌이 됩니다. 그러나 현실적으로 대다수 사람들이 학교에서 조는 주간 졸음을 단순히 수면 부족 때문에 생긴 현상으로만 생각하지, 병으로 생각하지 않고 있지요. 그만큼 많은 주간 졸음 환자들이 무방비 상태에 놓여 있다고 해도 과언이 아닙니다. 만일 야간 수면을 늘렸는데도 아이가 낮에 참을 수 없이 졸려 하는 증상이 계속된다면 기면증을 의심해 봐야 합니다.

여기서 잠깐!

기면증 진단을 위한 '엡워스 졸음 설문 ESS'

하단의 '졸릴 가능성 점수' 안내를 참고하여, 다음 8가지 상황별로 0~3점 중 졸음이 오는 정도를 체크해 보세요.

0점 = 잠든 적이 없다   1점 = 가끔 잠이 든다(경도)
2점 = 자주 잠이 든다(중증도)   3점 = 대부분 잠이 든다(고도)

8가지 상황	가능성 점수			
	0점	1점	2점	3점
1. 독서할 때				
2. TV를 볼 때				
3. 공공장소(극장, 회의 등)에서 하는 일 없이 가만히 있을 때				
4. 운행 중인 자동차에 승객으로 1시간 이상 있을 때				
5. 오후에 쉬면서 누워 있을 때				
6. 앉아서 상대방과 이야기할 때				
7. 술을 마시지 않고 점심 식사 후에 조용히 앉아 있을 때				
8. 운전 중 신호나 교통 체증으로 몇 분간 멈춰 있을 때				

* 총 합산 점수가 10점 이상인 경우 과도한 주간 졸음증이, 15점 이상인 경우 병적인 주간 졸음증이 의심됩니다. 10점 이상이면 수면 장애 관련 진료가 필요합니다.

기면증 증상

기면증에서 그 정도가 심하여 시간이나 상황과 무관하게 잠에 빠져드는 주간 졸음을 '수면 발작'이라고도 합니다. 수면 발작은 기면증 증상 중 가장 먼저 나타나는 증상인데요. 보통 10세 이후에 발생합니다. 대부분 중고등학교 시기에 발생하지만 종종 초등학교 시기에 발현하기도 하지요. 갑작스러운 감정 변화에 힘이 빠지는 '탈력 발작' 증세와 심한 '주간 졸음' 증세가 있다면 기면증을 쉽게 알아챌 수 있습니다. 하지만 초기 기면증 환자는 탈력 발작 없이 주간 졸음 증세만을 보이기도 합니다. 이 때문에 뒤늦게 병원을 찾아 치료가 늦어지는 경우도 많습니다.

기면증 원인

기면증은 주간 졸음, 탈력 발작, 가위눌림, 입면시 환각, 수면 곤란 등의 증상을 특징으로 하는 질환으로 전체 인구의 0.08~0.09% 정도가 이 병을 앓고 있습니다. 통계에 의하면 국내에도 30~40만 명 정도의 기면증 환자가 있을 것으로 추정되지만, 현재 병원에서 치료를 받는 환자는 1만 명 이내로 추산된다고 합니다. 이는 대부분의 기면증 환자가 치료를 받고 있지 않다는 의미죠.

기면증은 유전이나 수면의 각성을 조절하는 뇌 부위의 변성(생체의 조직 또는 장기에서 볼 수 있는 성상의 이상)이 원인으로 알려져 있습니다. 최근 기면증의 구체적 원인이 뇌하수체(척추동물에서 볼 수 있는 내분비기관)의 하이포크레틴Hypocretin이라는 각성과 관련된 신경 전달물질의 부족 때문이라는 연구 결과가 나왔습니다. 그래서 현재는 이 신경 전달 물질을 합성한 새로운 치료제를 기다리는 중이죠. 기면증은 정확한 진단이 이루어지고 그에 따른 치료제를 복용한다면 호전을 기대할 수 있는 질환입니다.

2022년 1월 1일부터 기면증 검사가 건강 보험에서 요양 급여로 전환되어서 비용 걱정 없이 기면증 검사를 받을 수 있게 되었습니다.

여기서 잠깐!

다중수면잠복기 검사 요양 급여 대상

1. 엡워스 졸음증 척도(주간 졸음 척도) 10 이상
2. 과도한 주간 졸음증이 있고, 탈력 발작이 동반될 때
3. 하루 7시간 이상 충분히 잠을 자도, 과도한 주간 졸음증이 3개월 이상 지속되어 일상생활에 불편이 생길 때

(1, 2 또는 1, 3의 조건을 만족하는 환자에게 기면증 또는 특발성 과다수면증 진단을 목적으로 시행한 경우 1회 요양 급여 인정)

다중수면잠복기 검사 요양 급여가 추가로 1회 인정되는 경우는 다음과 같습니다.

(위의 1, 2, 3 검사 결과가 아래의 I 또는 II에 해당하는 경우)

I. 평균 수면 잠복기는 8분 이하지만, 수면 개시 후 렘수면이 1회만 관찰된 경우

II. 수면 개시 후 렘수면은 2회 이상 관찰됐지만, 평균 수면 잠복기가 8부을 초과한 경우

* 마지막 검사 시행 6개월 후 환자 상태가 급격하게 변해서 임상적으로 추가 검사가 필요한 경우엔 사례별로 인정

기면증 치료

기면증 치료에는 약물 치료, 행동수정요법, 교육 시행 등이 있는데요. 대표적인 기면증 치료법들을 짚고 넘어가 보겠습니다.

약물 치료

주간 졸음엔 중추 신경 자극이나 각성을 증진시키는 약물 치료가 효과적입니다. 중추 신경 자극제 계열 약물의 공통적인 부작용은 과민 반응, 짜증, 떨림, 식욕 저하, 소화기계 증상, 두통, 두근거림, 오한, 발열 등이 있으나 그렇게 심각하게 진행되지는 않습니다. 게다가 최근에 나온 약물들은 이런 부작용을 더욱 최소화시키기도 했고요.

갑작스러운 감정의 변화, 즉 화가 나거나, 농담을 할 때 힘이 빠지는 탈력 발작에는 기존의 항우울제가 사용되기도 합니다. 이 약물들은 교감신경이 증가되는 항콜린성 제제의 유해 반응인 체중 증가, 기립성 저혈압, 구갈, 졸음과 같은 부작용을 유발하기도 하지만 최근 새로 나온 SSRI 계열 약물들은 이런 부작용을 최소화하고 효과를 극대화했습니다.

행동수정요법

약물 치료 이외에 행동수정요법도 적절히 사용하면 큰 효과를 얻을 수 있습니다. 가장 졸린 시간대를 미리 정하고 10~20분 정도 낮잠을 취하는 방법은 대표적인 행동수정요법 중 하나입니다. 이렇게 낮잠을 자고 나면 90~120분 정도는 개운한 상태가 유지되므로 주간 활동에 많은 도움이 됩니다. 하지만 무엇보다도 규칙적인 취침 시간과 기상 시간을 지키는 게 중요하지요.

또한 숙면을 위해선 수면에 방해가 될 수 있는 음식 섭취나 야간 운동 등은 피해야 합니다. 고탄수화물 식사는 졸음을 촉진시키므로 기면증이 있는 경우엔 가급적 섭취하지 않는 편이 좋습니다.

기면증은 만성 질환 수준의 치료가 필요하므로 가족 및 주변 사람들이 아이의 병을 이해하고 배려해야 합니다.

간혹 보호자 중에는 "선생님, 아무래도 우리 아이가 기면증인 것 같아요, 자도 자도 피곤해 하거든요."라며 스스로 진단을 내리고 내원하는 분들도 있습니다. 그러나 실제로 진료 후 진단을 내려 보면, 우울증, 수면 무호흡, 주기성 사지 운동 장애 등 주간 졸음을 야기하는 다른 수면 질환이 원인인 경우도 많았습니다. 물론 앞서 언급한 질환들이 기면증과 함께 나타나는 경우도 있었고요. 이처럼 여러 가지 원인이 혼재되어 기면증이 발생하면 초기 진단이 어려울 수 있으니, 꼭 전문가와 상담한 후 신중히 치료 약제를 선택하셔야 합니다.

일반적으로 나이가 들수록 기면증은 나아지지만, 증상이 심할 때는 적절한 치료와 조치가 중요합니다. 기면증은 치료제가 있고, 치료를 받으면 일상생활에 큰 문제가 없을 정도로 호전될 수 있는 질환입니다.

여기서 잠깐!

기면증을 예방할 수 있는 3가지 방법

첫째, 반드시 12시 이전(소아는 10시 이전)에 잠자리에 들어야 합니다.

기면증을 앓는 아이들 중 다수가 기면증 약을 복용해도 계속 졸린 탓에 약의 용량을 시간이 지날수록 올려야 효과가 생겨서 불안하다고 합니다. 그런데 이런 아이들 대부분이 수면에 대한 기본적인 규칙을 무시한 채 기면증 약물을 각성제 복용하듯 대하기 때문입니다. 정상인들도 12시가 넘어 자면 수면 리듬이 깨져 그다음 날엔 주간 졸음을 느끼게 됩니다. 기면증 약은 기면증에 의한 주간 졸음에만 효과가 있는 것이지, 수면 리듬이 깨져 발생한 주간 졸음까지 쫓아내지는 못합니다. 일반적으로 밤 12시부터 새벽 5시까지는 잠을 자야 그다음 날 잠을 깨는 각성 호르몬이 분비되기 때문이지요. 만약 기면증을 앓는 아이가 밤늦게까지 컴퓨터 게임이나 핸드폰을 하다가 새벽 늦게 잠이 든다면, 이 경우엔 답이 없습니다. 기면증 예방을 위해서는 잠자리에 드는 시간을 철저하게 지키는 게 중요합니다.

둘째, 8시간 이상 충분히 자야 합니다.

개인차가 있지만 사람의 뇌는 8시간 이하로 잠을 자면 그 다음날 보상 반응으로 졸린 뇌파를 내보냅니다. 그러므로 낮잠을 쫓기 위해선 밤에 적당한 양의 수면 시간이 반드시 확보되어야 합니다.

셋째, 구강 호흡을 고쳐야 합니다.

구강 호흡은 주간 졸음을 유발합니다. 아무리 밤 12시 이전에 자고, 8시간 이상 수면의 양을 확보한다고 해도 구강 호흡을 하게 되면 뇌파에서 각성파가 나오게 되어 자도 자도 피곤한 상태가 되지요. 이런 상태에서 기면증 약물 투여는 의미가 없습니다. 오히려 부작용을 유발할 수 있습니다. 이럴 땐 전문의와의 상담을 통해 구강 호흡의 원인을 찾아 치료하는 게 우선입니다.

일시적 불면증, 과도한 학업 스트레스에 시달리는 아이

요즘은 아직 어린데도 불구하고 이미 학업 스트레스와 관련된 불면증을 가진 아이들이 많습니다. 나이가 들수록 그 스트레스는 점점 커져가죠. 여기서는 조금 연령이 높은 학생의 사례를 들어 그 증상을 설명해 보려고 합니다.

특목고 진학을 목표로 하는 중학생 예준이. 예준이의 가장 큰 고민은 바로 잠과의 싸움이었습니다. 깨어 있어도 비몽사몽이고, 공부를 해도 머릿속에 남는 게 하나도 없었지요. 사정이 이렇다 보니 평소에 열심히 공부해도 성적은 나아지질 않았습니다. 남들은 공부를 안 하다가 시험 기간에만 열심히 해도 좋은 성적을 받는데, 자기는 왜 자꾸 이러는 것인지 답답하기만 했습니다. 예준이의 부모님도 아이가 이런 모습이 보일 때마다 가슴이 너무 쓰렸습니다.

예준이처럼 주위 환경과 그에 따른 긴장 때문에 겪게 되는 불면증을 '일시적 불면증'이라 하는데요. 이 증상은 많은 사람들이 겪고 있는 심각한 불면증 중 하나입니다. 시험 때마다 긴장과 불안을 느껴 잠을 제대로 못 자는 불면증을 가리켜 임시 정신 신체 불면증temporary psychophysiologic insomnia이라 합니다. 이 불면증은 긴장되는 시기만 지나면 언제 그랬냐는 듯이 정상 수면으로 되돌아오는 게 특징입니다. 그러나 일시적 불면증도 자칫 잘못하

면 만성 불면증의 시초가 될 수 있으므로 초기에 잘 치료해야 합니다.

　예준이는 일단 자야 한다는 강박을 없애야 했습니다. 예준이에게 주위에 시간을 알 수 있게 하는 모든 물건을 치우게 하고, 중독성 없는 수면 보조제를 처방해 준 뒤 시험 보기 1주일 전에 복용하기를 권했습니다. 그러자 예준이는 이 약을 먹으면 언제든지 잘 수 있다는 자신감이 생겼고, 공부할 때는 이 약을 먹지 않고 보기만 해도 불안감이 사라졌다고 했습니다. 바로 자연적으로 치료가 된 거였죠. 시험이 끝난 후에도 안정적인 수면 리듬을 유지하도록 하기 위해, 예준이에게 같은 방법을 3일간 더 지속하도록 했습니다. 이후 예준이는 일시적 불면에서 완전히 벗어나게 되었습니다.

☾ 일시적 불면증과 수면 인지 치료

수면 인지 치료는 일상 습관 교정과 관련이 있습니다. 예를 들어 시험 보는 날짜가 정해졌다면, 우선 시험 보기 2주 정도 전부터 규칙적인 습관을 들이는 게 중요하지요. 아침 일찍 일어나자마자 밖으로 나가 햇볕을 쬐고, 저녁 식사 이후에는 긴장을 풀기 위해 집안에 시계를 치우고 미색 등 아래서 편히 독서하는 식으로 루틴을 짜서 생활합니다. 책을 보다 졸리면 잠을 청하고, 그다음 날도 똑같은 시간에 일어나 햇빛을 보면서 등교하는 일정한 패턴을 시험 보는 날까지 유지합니다. 이렇게 단순화된 행동 패턴은 일시적 불면증을 예방해 주며, 기억력과 학습 효율을 높이는 데 도움이 됩니다.

일시적 불면증은 말 그대로 '일시적'으로 나타나는 증상이기 때문에 건강상 크게 문제가 될 것은 없습니다. 하지만 시험 때마다 불안해져서 평상시에 틈틈이 준비를 해놓고도 정작 시험 전날 밤을 꼬박 새우거나 긴장하는 바람에 일을 그르치는 경우를 종종 보았습니다.

단순히 '높은 점수를 얻어서 꼭 합격해야지'라는 생각보다는 자신의 목표가 무엇을 위한 것인지, 어떠한 마음으로 미래를 설계해 나갈 것인지 명확하게 인식해야 합니다. 그렇지 않으면 목표했던 뜻을 이루고도 숱한 난관에 봉착해서 더 큰 어려움에 빠질 수 있습니다.

만약 아이가 시험에 대한 불안감 때문에 일시적 불면증을 겪고 있다면, 앞에 언급된 수면 인지 치료(교정) 예시를 아이의 상황에 맞게 적용해 보세요. 이 수면 인지 치료 예시는 일상 속에서 아이의 일시적 불면증을 완화시켜줄 수 있는 좋은 방법 중 하나입니다.

 # 아이의 불면증을 알아보는 3가지 방법

우선 아이가 잠들고 나서 주로 몇 시간 뒤에 깨는지 확인해 보세요. 잠에서 깨는 각성은 크게 3가지 종류의 수면 유지 장애로 나뉘는데, 다음의 간략한 설명을 보고 아이의 불면증을 대략적으로 파악해 보시기 바랍니다.

첫 번째, 잠들고 나서 2~3시간 간격으로 깨는, 시간적·주기적 각성입니다.

아이는 자면서 적게는 3번, 많게는 5번까지 각성하고, 간혹 잠꼬대도 동반하지요. 잠꼬대 내용을 들어 보면 꿈꾸는 내용을 말하는 것 같은데 이것이 바로 꿈 수면 각성입니다. 주로 꿈꾸는 렘수면이 2~3시간 간격으로 나오고, 이 렘수면 단계에서만 잠에서 깨는 경우입니다. 한 달에 2~3번 이상 같은 시간에 반복적으로 깬다면 우연이 아닌 질환으로 의심해 봐야 합니다. 그럴 때는 병원 방문을 권장합니다.

두 번째, 자는 자세에 따른 각성입니다.

어떤 아이는 똑바로 누운 자세에서만 깨고, 어떤 아이는 오른쪽, 어떤 아이는 왼쪽 자세에서만 잠이 깹니다. 심지어 어떤 아이는 엎드려 자는 자세에서만 깨서 울기도 하지요. 이런 현상은 자세에 따른 각성으로 어떤 특정 자세에서 아이가 깨는 이유를 분석해야 합니다. 아이가 자면서 주 4회 이상 하루에 2번 이상 깨는 증상을 보인다면 수면 질환으로 진행될 수 있으므로 반드시 수면다원검사를 통해 원인을 분석해야 합니다.

세 번째, 일정한 시간 간격이나 특정 수면 자세와 상관없이 불규칙적으로 나타나는 각성입니다.

반드시 수면다원검사를 통해 그 이유를 분석해야 합니다. 수면다원검사를 해 보면 아이마다 잠들지 못하는 명백한 원인이 있는데, 이때 뒤에 나오는 4장의 〈건강한 수면 리듬을 만드는 6가지 방법〉(p.203 참조)을 병행해서 실천하도록 지도해 주세요. 아이의 숙면에 큰 도움이 될 수 있습니다. 그러나 그 이후에도 경과가 좋아지지 않는다면 반드시 전문의를 찾아가 원인을 분석하고 그에 맞는 치료를 받아야 합니다.

2장

성장기 외모에 영향을 미치는 수면

소위 우리가 숙면을 취했다고 함은 3단계 잠을 얼마나 잤느냐에 달려 있습니다. 일반적으로 잠든 뒤 20분이 지나면 자는 동안 외부 소리도 인지할 수 있는 얕은 잠인 1단계 잠을 자게 되지요. 그리고 10~20분 정도가 지나면 외부 자극과 단절되는 2단계 잠으로 넘어가고, 1시간가량이 지나면 깊은 수면인 3단계 잠에 빠져듭니다. 이 단계에선 각 근육과 장기로 공급되는 혈액의 양이 많아지는데, 이 혈액을 통해 공급되는 산소와 에너지가 체력을 회복시키고 성장에 도움을 줍니다. 또한 이 산소와 에너지는 스트레스와 같은 자극을 받을 때 활발해지는 교감신경을 누르고 부교감신경이 몸을 지배하게 하여 진정과 이완 작용을 일으키지요. 이때 혈압이 낮아지고, 심장 박동이 느려집니다. 전날 안 좋은 일도 잠을 자고 나면 조금 나아진 듯한 기분이 드는 것 역시 3단계 수면에서 부교감신경이 활발히 활동한 덕분입니다.

성장 호르몬과 밀접한 잠, 잘 자는 아이가 크게 자란다?

특히 성장 호르몬과 3단계 수면은 밀접한 관련이 있습니다. 성장 호르몬은 3단계 수면에서 가장 왕성하게 분비되는데요. 아이들의 성장과 발달에 관여하는 성장 호르몬은 손상된 신체 조직을 회복시키기도 합니다. 게다가 3단계 수면에선 면역 시스템을 조절하는 물질의 분비가 활발해지는데요. 질병을 자연 치유하고, 몸을 건강하게 유지하는 면역 시스템의 정비도 이때 이루어집니다.

그래서 며칠간 밤을 새우고 잠을 자면 사람의 몸은 시

스템 정비를 위해 바로 3단계 수면으로 들어가게 되지요. 그러고는 1~2단계 수면을 취하게 됩니다. 밤에 자다 깨다를 반복하여 피곤한 상태의 인체 역시 한동안 깨어 있다가 잠이 들면 두 번째로 중요한 렘수면 단계에 바로 들어가지요. 이 이야기는 전혀 잠을 못 잔 인체는 그 상태를 정상으로 회복시키기 위해 수면 단계를 무시하고 곧바로 렘수면이나 3단계 수면에 들어간다는 뜻입니다.

하지만 잠에서 깰 때는 서서히 깨어나는 게 중요하지요. 숙면 단계인 3단계 수면 도중 시계 알람이나 기타 외부 자극에 의해 갑자기 잠을 깬 사람은 그날 하루 종일 피곤함을 느낄 수 있습니다. 반면에 1~2단계나 렘수면을 통해서 서서히 깬 사람은 훨씬 상쾌하고 개운한 느낌을 갖게 될 겁니다.

소아기에 가장 중요한 수면은 3단계인 깊은 잠이고, 그다음이 렘수면입니다. 유아기부터 좋은 렘수면과 3단계 수면을 충분히 취하게 하고, 아침에 자연스럽게 일어나는 환경을 만들어 주면 좋은 기억력과 올바른 감정 조절 능력을 갖춘 아이로 무럭무럭 자랄 수 있습니다.

고려대 의대 연구팀이 발표한 논문에 의하면 키가 작은 아이들은 평균 키의 아이들보다 자는 동안 분비되는 성장 호르몬 평균 농도가 대략 40% 정도 낮게 나온다고 합니다. 다시 말하면, 질 좋은 수면은 '키 크는 주사'보다 더 효과적이며, 우리 아이의 몸과 마음을 크게 자라게 만드는 가장 확실한 수단이라는 뜻입니다.

이렇게 아이의 키에 큰 영향을 미치는 수면은 아이의 얼굴 형성과도 밀접한 관련이 있지요. 그럼 이어서 수면이 아이의 얼굴 형성에 어떤 영향을 미치는지 살펴볼까요?

예쁜 얼굴을 만드는 숙면, 어떻게 자느냐에 따라 아이의 얼굴이 바뀐다?

미국 스탠퍼드대학교 수면센터에선 턱 모양이 비슷한 두 마리의 어린 원숭이를 대상으로 실험을 했는데요. 원숭이 한 마리는 한쪽 코를 막아 잘 때 입으로 숨을 쉬게 하고, 다른 한 마리는 제대로 숨을 쉬며 잘 수 있게 한 다음, 몇 년 뒤 턱 형성 차이를 관찰한 실험이었습니다. 관찰 결과, 잘 때 입으로 숨을 쉰 원숭이는 턱이 형성되지 않아 무턱이 되었고, 정상적으로 코로 숨을 쉰 원숭이는 예쁜 모양의 턱을 가지게 되었습니다.

어릴 때 잦은 코 막힘, 편도선염, 아데노이드 감염 등을 앓은 사람에겐 입 벌리고 자는 습관이 있을 수 있는데요. 수면 중 구강 호흡은 턱 근육을 지나치게 사용하게 하여 턱 성장에 이상을 가져올 수 있습니다. **구강 호흡을 하는 아이들은 성장하면서 턱이 점점 작아지고 뒤로 밀려나게 됩니다.** 그리고 이러한 상황은 수면 장애로까지 이어지게 되지요.

아이들의 얼굴 모양은 대개 10살 전후에 완성되므로, 아이가 심하게 코를 골거나 입을 벌리고 잔다면 아이의 얼굴 틀이 형성되기 전에 치료해 주어야 합니다. 이러한 조기 치료는 성장하면서 예쁜 얼굴 모양을 만들어 줄 뿐만 아니라 어른이 되어서 수면 무호흡 환자가 되는 것도 예방해 줍니다. 그래서 미국이나 일본 등의 수면 선진국에서는 부모가 아이들의 손을 잡고 수면 클리닉을 찾아와 함께 치료받는 모습을 종종 볼 수 있습니다.

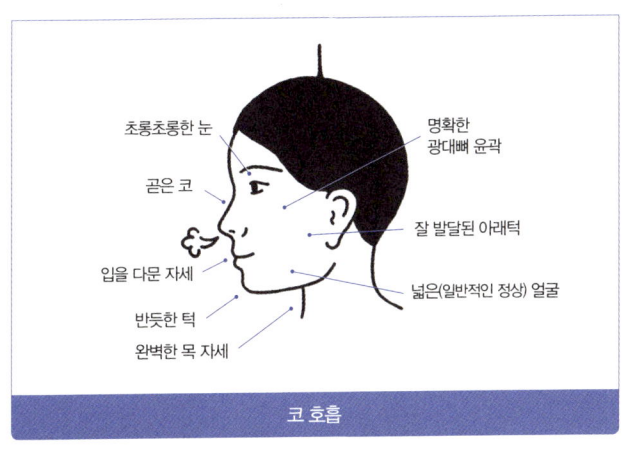

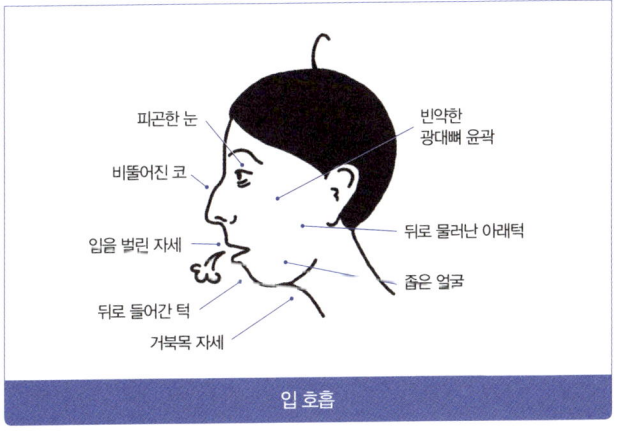

예쁜 얼굴이 되려면 입을 다물고 자야 한다

수면 장애의 주요인 중 하나인 구강 호흡은 아이의 얼굴형에 큰 영향을 미칩니다. 수면 장애가 있는 많은 아이들이 선천적으로 턱이 작고, 부모나 가족 중에 턱이 작은 사람이 있을 가능성이 높습니다. 턱이 작으면 혀가 뒤로 밀리면서 숨통이 좁아져 자는 도중 숨 쉬는 게 더 힘들어지죠. 그렇게 되면 수면 중 구강 호흡이 만성화되는데요. 구강 호흡은 얼굴 윤곽과 턱뼈 형성에 악영향을 미칩니다. 결국 코를 골거나 입을 벌리고 자면 과도하게 턱 근육을 사용하게 되어 맵시 있는 턱 매무새를 가진 얼굴로 성장하기가 힘들어집니다. 이렇게 얼굴뼈가 제대로 형성되지 못하면 잠에 이상이 생기게 되고, 잠에 이상이 있으면 얼굴뼈 형성에 또 이상이 생기는 '악순환'에 빠지게 되지요.

그럼 구체적인 사례를 통해 외모에 영향을 미치는 수면을 좀 더 알아볼까요?

사각 턱을 만드는 수면 장애, 밤마다 이를 가는 아이 어떻게 할까요?

　이름만 들어도 누구나 알만한 아역 배우 은지(7세, 가명). 뛰어난 미모와 귀여움으로 순식간에 톱클래스로 진입했지만, 그런 은지에게도 말 못 할 고민이 있었습니다. 그 고민은 바로 잘 때 심하게 이를 가는 버릇이었습니다. 심지어 어떤 날은 턱이 얼얼하고 이가 시릴 정도로 심하게 이를 갈기도 했는데요. 엄마의 얘기를 들어 보니 피곤하면 증상이 더 심해지는 것 같았습니다. 심한 이갈이에 아이의 치아가 걱정스러웠던 엄마는 치과에서 마우스피스를 받아다 아이에게 밤마다 끼고 자게 했는데요. 그런데도 은지의 이갈이는 멈추지 않았습니다. 결국 참다못한 엄마는 은지를 데리고 수면 클리닉을 방문했습니다.

이를 갈면서 나는 소리는 단순히 시끄러운 소음 수준을 벗어난 소름 끼치는 소리로 이를 가는 본인뿐만 아니라 주변 사람들도 매우 괴롭히는 수면 장애 질환입니다. 게다가 수면 중 이갈이는 평소 드는 힘의 몇 배가 턱에 들기 때문에 쉽게 치아를 닳게 하여 부정교합과 턱관절 장애를 유발하기도 하지요. 만약 성장기 아이가 이갈이를 한다면 얼굴 모양이 변형될 위험이 있으므로 빠른 시일 내에 치료해 주어야 합니다.

수면다원검사 결과, 은지에게 놀라운 사실이 하나 관찰되었습니다. 이를 갈기 전, 수면 중에 뇌가 먼저 깨어나고 나서 이를 가는 증상이 나타난 것이었죠. 일반적으로 이갈이는 주로 얕은 수면인 2단계 수면에서 관찰되는데요. 이는 수면 중 각성과 관련이 있습니다. 그러므로 깊은 잠을 자게 되면 이갈이 빈도가 줄어들 수 있죠.

은지의 경우, 아데노이드로 인한 구강 호흡이 수면 중 잦은 각성과 이갈이의 주된 원인이었습니다. 여기에 어린 나이에 부담스러울 정도로 과도한 스케줄 때문에 생긴 스트레스가 증세를 악화시키기도 했고요. 은지는 호흡 치료를 위해 아데노이드 제거술을 받았습니다. 그리고 근육 이완 요법으로 저녁시간에 일정 기간 동안 따뜻한 물수건으로 턱 주위 근육을 감싸 주고, 로션이나 바셀린 등으로 턱 주위 근육을 주 4회 하루 15분 정도 부드럽게 둥글려 주는 턱 근육 마사지를 시행해 주었습니다. 그 뒤 은지는 다시 편안하게 잘 수 있게 되었답니다.

수면 중 이갈이를 완화시키는 방법

수면 중 이갈이는 보통 성인보다는 성장기 아이들에게서 많이 나타나는데요. 흔히 관찰되는 증상이지만, 대개 9~12세 정도가 되면 증상이 경미해져서 치료가 필요한 경우는 많지 않습니다. 보통 대부분의 사람은 자신이 이를 가는 걸 잘 모릅니다. 자다가 자주 깬다거나 충분히 잔 다음 날에도 계속 피곤하고, 자고 일어나서 턱이 아플 때 수면 중 이갈이를 자각하는 사람이 간혹 있을 뿐이죠. 아이도 마찬가지입니다. 심리 상태가 불안정하거나 스트레스가 생겨도 일시적으로 이갈이를 하곤 합니다. 물론 선천적으로 치아와 치아가 잘 맞지 않는 부정교합을 가진 사람도 이를 가는데, 이럴 땐 치과에 가서 별도의 시술을 받아야 합니다.

사실 이갈이 환자 대부분은 수면 자세만 바꿔줘도 큰 개선 효과를 볼 수 있습니다. 이갈이 환자들을 관찰해보면, 대다수는 특정 수면 자세에서 이갈이를 멈춥니다. 똑바로 눕지 않고 옆으로 눕는 등 적절하게 수면 자세만 바꿔도 이갈이 증상을 상당 부분 완화시킬 수 있는 셈이지요. 그러나 스트레스는 이갈이를 악화시키므로 이갈이 예방을 위해서는 가능한 한 스트레스를 받지 않도록 노력해야 합니다. 이렇게 해도 간혹 일시적으로 이갈이가 심해지는 경우도 있는데, 이럴 땐 전문의의 처방을 통한 약물적인 치료가 필요합니다. 하지만 병원을 찾기 전에 먼저 다음과 같은 방법으로 아이의 이갈이를 완화시켜줘 보세요. 아이가 잠들기 전에 따뜻하게 데운 수건으로 아이의 얼굴을 뺨에서 턱까지 감싸주고 얼굴, 목, 턱의 근육을 15분 이상 부드럽게 주물러 줍니다. 특히 입을 다물었을 때 톡 튀어나오는 관자놀이 부분부터 턱관절까지 연결된 근육들을 부드럽게 풀어 줍니다. 스트레스를 받을 때 가장 많이 뭉치는 머리와 목을 이어 주는 곳과 목과 어깨를 연결하는 부분을 향이 좋은 오일이나 바셀린을 발라 부드럽게 문지르며 이완시켜 줍니다.

턱관절 이완법 예시

이러한 마사지를 주기적으로 자주 해 주면 이갈이 증상 완화에 큰 도움이 될 수 있습니다. 덧붙여 스트레스를 줄여줄 기분 좋은 음악이나 짧은 영상을 한 편씩 보는 것도 좋겠지요.

이렇게 해도 증세가 나아지지 않고 계속해서 심해진다면 수면 클리닉을 방문해 전문의에게 상담과 진단을 받아야 합니다. 이갈이의 원인은 매우 다양하기 때문에 수면다원검사를 통해 정확한 원인을 파악한 뒤 치과, 이비인후과, 신경과와 협진하고 심리적 치료를 병행해야 빠른 효과를 기대할 수 있습니다.

수면 장애가 부르는 소아 비만, 왜 운동을 해도 살이 찌는 걸까요?

초등학교 4학년이 된 민수(가명)는 밤잠을 줄이고 야간에 공부와 운동 시간을 늘렸습니다. 그랬더니 한 달 만에 몸무게가 4kg이나 늘어 버렸지요. 잠을 줄여가며 열심히 공부하고 운동한 결과였습니다. 이를 이상하게 여긴 아빠가 민수를 데리고 수면 클리닉을 방문했습니다.

실제 자는 시간을 줄이면 수면 중 발생하는 식욕 억제 호르몬이 감소하게 되는데, 이때 뇌는 본능적으로 살기 위해 더 높은 칼로리 음식을 찾게 됩니다. 그 결과, 낮 동안에 더 많은 양의 음식을 먹게 되고요. 깨어 있는 시간이 길면 길수록 음식을 섭취할 기회는 더 많아지게 되지요. 그래서 수면 부족은 자연스럽게 체중 증가로 이어집니다.

민수는 비교적 심각한 상태가 아니었기에 생활 습관 교정만으로도 증상을 완화시킬 수 있었습니다. 민수에게 야간 운동 대신 반신욕을 권했고, 밤 11시 이전에는 잠자리에 들 게 했습니다. 하루에 최소 7시간 30분 이상을 자도록 수면 양도 정해 주었지요. 운동도 가급적 낮에 하도록 했습니다. 생활 패턴을 바꾸자, 민수는 낮 시간에 더 활기차게 생활할 수 있었지요. 낮에 활동량이 증가한 민수는 밤에 잠도 잘 자고, 체중 또한 조절할 수 있게 되었습니다.

☾ 살찌는 고칼로리 음식을 부르는 수면 부족

일반적으로 잠이 많은 사람이 게으르고 살찌기 쉽다고 생각하는데, 오히려 많이 자는 사람이 살이 덜 쪄서 비만을 예방할 수 있습니다. 미국 펜실베이니아주립대학교 연구팀에 따르면 잠이 부족하면 식욕 호르몬은 늘고 식욕 억제 호르몬은 줄어든다고 합니다. 다시 말해 하루 6시간보다 적게 자면 식욕 호르몬인 그렐린이 늘고 식욕 억제 호르몬인 렙틴이 감소하는데, 이렇게 되면 인슐린 민감성이 줄어들어 비만과 당뇨에 걸릴 위험이 커지게 된다고 합니다. 수면 부족이 체중 조절, 특히 체

중 감량에 중요한 영향을 미친다는 사실을 보여 주는 연구 결과이지요.

수면 부족은 호르몬 변화 외에도 살찌기 쉬운 조건에 노출될 확률을 높입니다. 물리적으로 깨어 있는 시간이 늘어나면서 야식을 먹는 습관이 생기는 것도 비만을 야기할 수 있으니까요. 더군다나 야식은 단백질이나 지방보다 탄수화물 위주로 구성된 음식이 많은 편이라 더욱 살이 찌기 쉽게 하죠. 게다가 잠이 부족하면 뇌의 전두엽 활동이 둔화되어 합리적인 의사 결정을 내리기 어려워집니다. 반면 식욕을 관장하는 편도체가 강력하게 반응하게 되어 인스턴트 등 자극적인 음식에 끌리게 되지요. 이러한 이론은 실제 연구에서도 사실로 드러났습니다.

미국 버클리 캘리포니아대학교의 신경과학 교수인 매슈 워커 박사는 한 연구를 통해 잠이 부족했을 때 뇌가 고칼로리 인스턴트 식품을 대하는 반응이 달라진다는 연구 결과를 발표했는데요. 충분한 수면을 취하지 못한 사람의 뇌는 초콜릿, 감자칩과 같은 고칼로리 음식을 더 선호했고, 이는 잠을 충분히 잤던 날에 골랐던 음식보다 총 열량이 평균 600kcal 정도 많은 것으로 나타났습니다. 그뿐만 아니라 많은 이들이 야식을 먹고 바로 잠자리에 드는데, 그러면 칼로리가 소모되지 못하고 잉여 에너지로 체내에 축적됩니다. 이렇게 소화되지 않은 음식은 수면 중 위 활동을 활발하게 하여 숙면을 방해합니다. 바로 이런 일련의 상황들이 비만을 부르는 거죠.

그러므로 잠자기 4시간 전부터는 가급적 음식을 먹지 않는 것이 좋으며, 고칼로리 음식 섭취는 지양해야 합니다. 너무 배가 고파서 잠이 오지 않는다면 우유 한 잔 정도로 허기를 달래 주는 게 좋습니다.

노폐물 배출을 방해하는 수면 부족

사람의 몸은 잠을 자는 동안에도 노폐물을 계속 몸 밖으로 배출합니다. 체내의 노폐물 배출 작용은 주로 잘 때 이루어지는데, 보통 새벽 12시~2시 사이에 가장 활발히 진행되지요. 그래서 항상 수면 부족인 상태가 되면 노폐물이 몸 안에 쌓여 내장에 부담을 주고, 그러면서 신진대사가 나빠져 몸 밖으로 노폐물을 배출할 수 없게 되는 겁니다. 하지만 충분한 수면을 취하게 되면 몸의 대사 작용이 좋아져 몸 안의 노폐물이 자연스럽게 몸 밖으로 배출되지요. 이때 수분도 함께 배출되기 때문에 몸이 붓는 증상도 완화될 수 있습니다.

이렇듯 수면은 다이어트를 촉진시켜 주는 최고의 조력자입니다. 따라서 하루 6~8시간 정도의 적절한 수면 시간을 확보해야 합니다. 그리고 식욕과 스트레스를 유발하는 호르몬이 분비되기 전에 잠자리에 드는 습관을 들여야 하지요. 철저한 수면 관리를 운동이나 식이요법과 함께 병행하면 보다 더 큰 다이어트 효과를 얻을 수 있습니다.

 ## 코 호흡은 왜 필요할까?

앞에서 두뇌 발달과 외모 형성에 영향을 미치는 수면을 사례별로 짚어 보았는데요. 사실 성장기 아이들의 수면에 가장 중요한 것은 코 호흡입니다. 여기서는 그런 코 호흡을 별도로 자세히 살펴보고 다음 장으로 넘어가고자 합니다.

영어로 갓 태어난 아기를 'nose-breather'라고 합니다. '코로 호흡하는 사람'이라고 번역할 수 있지요. 갓 태어난 아기들은 영아기까지 입으로 젖을 빨아먹기 때문에 어쩔 수 없이 코로 호흡할 수밖에 없습니다. 일반적으로 인간을 포함한 포유류는 입과 코의 역할이 뚜렷이 구별되어 있는데요. 입은 음식물을 섭취하기 위한 기관이고, 코는 숨을 쉬기 위한 기관입니다. 그런데 인간은 성장하고 진화하는 과정에서 언어를 습득하면서 입과 호흡 기관이 연결됩니다. 그러면서 입으로 호흡을 하게 되는 겁니다. 그래서 아기도 말을 하게 되면 입 호흡을 할 수 있게 되는 거고요. 바로 문명 산물인 언어를 습득하게 되면서 건강을 해칠 가능성이 높아진 모순된 경우라고 볼 수 있죠.

건강에 이로운 코 호흡

그렇다면 먼저 코 호흡이 왜 우리 건강에 이로운지 살펴볼까요? 코는 공기의 습도 및 온도 변화로부터 몸을 지켜 주는 역할을 합니다. 코는 매우 복잡한 구조로 공기를 들이마시죠. 코에는 혈액 순환이 풍부하게 이루어지는 비갑개와 비중격이라는 기관이 있는데요. 이 기관들은 항상 적당한 습기를 머금고 있어 차갑고 건조한 공기가 들어오면 재빨리 습도와 온도를 높입니다. 그리고 코에 있는 코털과 점액은 공기 중의 작은 먼지 같은 이물질이 폐로 들어가는 것을 막아 주지요. 이렇게 코로 숨을 쉬게 되면 들이마신 공기와 이물질이 편도를 지나게 되는데요. 편도에 있는 림프 조직의 면역 세포가 이물질의 공격을 방어합니다.

질병의 근원인 입 호흡

반면, 입 호흡을 하면 차가운 공기가 그대로 기관을 통해 폐로 들어가지요. 입 호흡은 기관지의 수축(연축)을 일으키고 작은 먼지와 세균, 바이러스, 곰팡이 같은 이물질도 그대로 폐로 들어가게 해 문제가 됩니다. 게다가 입 호흡은 구강을 건조하게도 하지요. 구강의 점막은 침으로 촉촉한 상태를 유지해야만 면역 세포가 제 힘을 발휘할 수 있는데, 입 호흡은 이런 침을 마르게 해서 구강 건조증을 야기하고 면역 기능을 약화시킵니다. 그리고 입안이 말라서 비위생적인 상태가 되면 구강 내의 유해균이 급속히 증식하고, 구취가 발생하면서 충치나 치주병을 악화시키기도 하죠.

  우리가 하루 동안 들이마시는 공기의 양은 무려 1만 리터를 넘고, 반복하는 호흡수는 2만 번 이상입니다. 이렇게 엄청난 양의 공기가 몸을 드나들고 있고, 거기에는 상당량의 먼지나 세균, 바이러스, 곰팡이 같은 이물질이 포함되어 있습니다. 그 물질들을 방어하는 최전선 기관이 바로 코인데, 입 호흡을 하면 이물질에 대한 방어가 제대로 이뤄지지 못해 세균, 바이러스, 곰팡이 등이 공기를 타고 몸속 깊숙이 들어가게 되는 거죠. 또한, 입 호흡은 입안에 세균을 증식시켜서 편도를 붓게 만듭니다. 이러한 상태는 만성 편도염으로 진행될 수도 있죠. 그리고 축농증이나 감기 등에 빈번히 걸리게도 합니다. 이 증상들은 관절염이나 신장병 등 오장육부에도 악영향을 끼칩니다. 입 호흡을 방치하면 그 증세가 전혀 예기치 못한 신체 부위의 질병으로 이어질 수 있다는 말입니다.

코 호흡으로 착각하기 쉬운 아이의 입 호흡 확인하기

  여기까지 보시고 '우리 아이는 늘 입을 다물고 코로 호흡하고 있으니 문제가 없다'고 생각하시는 부모님들이 대부분일 겁니다. 실제로 우리 수면 클리닉에서 진찰받는 아이들의 부모님들이 대부분 '우리 아이는 코로 호흡한다'고 여기고 계셨으니까요. 그러나 그 아이들의 90%가 실제 수면다원검사에서 만성적인 입 호흡 상태를 드러냈습니다.

왜 이런 착각을 하게 되는 것일까요? 대부분의 사람들은 평소에 코나 입 어느 쪽으로 호흡하는지 신경 쓰지 않습니다. 게다가 아이들은 노인처럼 입을 확실하게 벌리고 호흡하는 일이 드물기도 하고요. 그래서 병원에서 진찰을 받고서야 아이의 입 호흡을 알게 되는 경우가 많은 겁니다.

하지만 병원을 방문하지 않고도 다음과 같은 방법으로 집에서 아이의 입 호흡 여부를 간단히 확인해 볼 수 있습니다. 아이가 곤히 자고 있을 때 한 손은 아이의 코 윗부분에, 다른 한 손은 아이의 입 윗부분에 두고 어떤 손으로 공기의 흐름이 왔다 갔다 하는지 느껴 보세요. 이때 아이의 입 호흡 여부를 알 수 있습니다. 그리고 아이가 아침에 일어났을 때, 아이에게서 입 냄새와 입 마름이 있는지를 살펴보는 것도 집에서 입 호흡 여부를 확인해 볼 수 있는 방법입니다.

3장

우리가 미처 몰랐던 아이가 잠 못 이루는 이유들

 앞 장에서는 두뇌 발달 및 외모 형성에 영향을 미치는 수면과 그 수면을 저해하는 주요인을 알아보았습니다. 하지만 '숙면 방해꾼'은 우리가 생각지도 못했던 사소한 일상 습관이 원인이 되기도 합니다. 이번 장에서는 제가 20여 년 동안 만나왔던 수면 장애가 있는 아이들의 이야기를 통해 우리가 놓치고 있던 일상 속에서 수면을 방해하는 다양한 요인들을 파악하고, 이것이 어떻게 소아 수면 장애로 이어지는가를 알아보려고 합니다. 우리가 잘 알고 있는 잠꼬대, 몸부림부터 낯선 증상인 사지 운동증, 하지 불안 증후군까지 관련된 사례들을 천천히 살펴보면서 우리 아이의 평소 생활 습관 및 태도와 비교해 보세요. 이는 우리 아이의 수면 상태를 점검해 볼 수 있는 좋은 기회가 될 것입니다.

수면 장애로 악화되는 잘못된 습관

 다음은 일상에서 주 양육자들이 흔히 하는 실수 중 하나인데요. 잠들지 못하는 아기를 빨리 재우려고 공갈젖꼭지나 흔들 침대를 이용하는 겁니다. 이렇게 특정한 도구에 의존하다 보면 치아 형성에 문제점이 생기거나 '흔들린 아이 증후군' 같은 부작용이 일어날 수도 있습니다.
 특정 조건에서만 잠을 자는 아이는 올바른 수면 습관을 익히는 데 어려움을 겪게 되지요. 이 어려움이 지속되면 흔들린 아이 증후군과 같은 수면 개시 장애(수면 안

대, 공갈젖꼭지, 흔들 침대 등의 특정한 도구가 없으면 수면이 어려워지는 상태)가 생기게 되는데요. 이 증상은 수면 장애 중 하나인 '행동 불면증'으로 악화될 수 있습니다. 아이를 빨리 재우려고 잘못된 습관을 들여서 아이의 수면 습관에 나쁜 영향을 끼친 경우라고 볼 수 있죠.

이러한 소아의 행동 불면증에서 관찰되는 특징은 어떠한 특정 행동 요인 때문에 수면의 시작이나 유지가 어려워진다는 점입니다. 행동 불면증은 수면의 시작 혹은 각성 이후 다시 잠이 들기 위해 특정한 자극, 물건, 행동 또는 환경에 아이가 지나치게 의존하는 것이 특징입니다. 특정 조건이 설정되지 않으면 아이는 취침 시각을 질질 끌거나 잠자기를 거부하는 등의 모습을 보이는데요. 이는 보호자가 제한을 부적절하게 설정해서 초래한 결과입니다.

사실 불면증은 감기만큼이나 우리 주변에서 흔히 볼 수 있는 질병입니다. 성인의 10~50%가 불면증을 경험한 적이 있다고 하니까요. 우리나라는 전체 인구의 10%

가 만성적인 불면증으로 정신적·육체적 고통을 겪고 있으며, 놀랍게도 영유아는 25%가 넘게 불면증을 겪는다고 합니다. 복통의 원인이 가벼운 위염부터 위암까지 다양한 것처럼, 소아들이 겪는 불면증에도 다양하고 복합적인 원인들이 있습니다. 그 원인을 파악하기 위해서는 아이들을 주의 깊게 관찰해야 하지요. 아이들의 건전한 수면은 부모의 깊은 관심이 만들어 낸다고도 볼 수 있으니까요. 그럼 이제 다음 채원이의 사례를 보면서 부모의 잘못된 상식이 우리 아이의 수면에 어떤 영향을 미치는지 알아볼까요?

소아 불면증, 잘못된 상식 때문에 수면 리듬이 깨진 아이

최근에 소아 불면증으로 내원한 6살 채원이(가명)는 아침부터 밤늦게까지 너무 강렬한 햇볕이 내리쬐는 유치원 유리 창가에 온종일 앉아서 시간을 보냈다고 합니다. 그런데다 채원이의 부모님은 아이의 몸을 피곤하게 하면 잠을 잘 잘 것 같아서 아이가 자려고 하지 않을 때는 저녁시간에도 밖으로 데리고 나가 운동을 시켰다고 고백했습니다.

보통 아이들은 오전에 적당한 양의 햇빛, 오후에 적은

양의 햇빛에 노출되는 게 좋습니다. 그리고 저녁에는 운동을 제한해야 수면 리듬이 유지되는데요. 채원이는 하루 종일 노출된 햇빛과 야간 운동 때문에 오히려 수면에 방해되는 각성파가 나와서 수면 리듬이 깨지게 된 케이스였습니다.

우선 채원이에게는 약물 처방이나 치료보다는 생활 습관 개선을 제안해 주었습니다. 오전에 유치원 등원 시에만 햇빛 노출을 허용하고, 오후에는 실내에 머물게 해 햇빛 노출을 줄이고, 야간 운동은 제한하도록 했지요. 그랬더니 채원이의 수면 리듬은 2주 만에 정상으로 돌아오게 되었습니다.

채원이 사례와 같이 단순하게 주변 환경이나 운동 시간을 조정한 것만으로 좋은 수면을 되찾을 수도 있습니다. 그러나 불면이란 건 다양한 원인으로 복잡하게 얽힌 증상이라는 점을 꼭 기억해야 합니다. 의학적으로는 아이의 불면 현상이 3주가 넘으면 이를 만성 불면증으로 진단하는데요. 불면증은 그 자체만으로도 하나의 병이지만 다른 내과적, 정신과적, 수면 의학적 질환에 따른 이차적인 불면 현상도 있으므로 전문의의 정확한 진단을 받아야 합니다. 증상에 따라서는 그 원인을 정확하게 파악하기 위해 수면다원검사를 시급히 해야 하는 경우도 있기 때문입니다.

일차성 불면증과 이차성 불면증

일차성 불면증 치료에는 불면이 지속되는 원인을 찾는 일이 매우 중요합니다. 생리적, 정서적, 인지적 요인과 잘못된 수면 조건 등이 일차적 불면증의 원인이 될 수 있으니까요. 일차성 불면증은 특별한 이유 없이 며칠 동안 잠들지 못하고, 환자 스스로가 밤만 되면 잠을 자야 한다는 강박과 걱정, 불안으로 수면 리듬을 깨뜨리는 상황을 일컫습니다. 반면에 이차성 불면증은 잠드는 데 특정한 장애가 있는 경우로 수면다원검사를 시행하면 그 원인을 찾을 수 있지요. 이차성 불면증은 보통 그 원인을 제거하면 다시 잠을 잘 잘 수 있게 됩니다.

사실 아이들은 성인들처럼 자려는 강박, 즉 잠을 못 자면 다음 날 스케줄에 문제가 발생한다고 생각하여 억지로 잠을 자려고 하다가 생기는 일차성 불면증을 겪는 경우는 드뭅니다. 그러므로 아이의 스스로 자는 능력이 저하되는 조짐이 보이면, 불면증이 만성화되기 전인 3주 안에 빨리 전문의에게 데려가야 합니다.

체온을 예로 들면, 정상인은 야간에 체온이 1~2도만 떨어져도 자연스럽게 잠이 드는 반면, 불면증 환자들은 야간 수면에 대한 강박으로 인해 체온이 오히려 상승하는데요. 그러면 뇌가 밤을 낮으로 착각하여 혈관의 수축과 관련한 생리적 각성을 촉구시켜 곧바로 수면에 이상이 옵니다. 밤에는 낮보다 어두워야 뇌가 스스로 밤을 인지합니다. 그리고 밤에는 낮보다 추워야 체온이 감소하면서 뇌 안에서 수면 호르몬인 멜라토닌이 분비되지요. 이 체계가 깨지면 선천적이든 후천적이든 뇌의 각성(깸)하는 힘이 커지기 때문에 불면이 발생하는 겁니다.

여기서 잠깐!

아이에게 전이되는 부모의 불안감

아이의 불면증을 겪었던 부모 대부분은 잠잘 시간이 다가올수록 자신들도 불안을 느꼈다고 고백했는데요. 아이 때문에 밤잠을 설치면서 주간에 업무 효율 저하나 졸음과 같은 문제 등이 발생했고, 그로 인해 밤만 되면 다음 날 활동에 대한 불안감이 일기 시작했습니다. 이런 걱정은 꼬리에 꼬리를 물고 악순환의 연결 고리를 만듭니다. '오늘 밤엔 아이가 잘 잘 수 있을 거야!'라고 생각하기보다는 '오늘 밤에도 아이가 못 자면 어쩌지?'라고 고민하면서 부모 스스로 불안감을 키우게 되는 것이죠. 이럴 때 부모는 온종일 잠 때문에 고민하다가 초저녁이 되자마자 일찌감치 자리를 펴고 아이를 빨리 재우려고 합니다.

그런데 이런 부모의 불안이 아이에게 전이되면서 아이의 불면증을 유발하기도 하지요. 이와 같은 일련의 행동들이 오히려 아이에게 잠을 강요하면서 아이의 뇌를 각성시켜 아이가 자연스럽게 잠드는 일을 방해합니다. 밥을 굶으면 배가 고프고, 잠을 못 자면 졸린 것이 우리 몸의 자연스러운 이치입니다. 음식을 심하게 제한하는 다이어트를 하다가 배고픔을 느끼지 못하는 거식증을 앓게 되는 것처럼, 너무 자려고 하면 오히려 잠이 오지 않는 불면증을 앓게 되는 거죠. 다양한 요인들의 상호 작용 때문에 불면증이 발생합니다. 따라서 아이의 좋은 수면을 위해서는 먼저 부모부터 편안한 마음을 갖고 볼 일입니다.

수면 개시 장애, 왜 우리 아이는 졸음이 쏟아질 때마다 떼를 쓰는 걸까요?

  3살 민수(가명)는 밤이 되어 졸음이 쏟아질 때마다 엄마에게 젖병을 달라고 떼를 쓰고 소리를 지르며 웁니다. 졸음이 머리끝까지 찬 상태에서 잠을 자고 싶은데 잠들기가 힘들어 떼를 쓰는 경우지요. 이때 엄마가 버티고 버티다 아이에게 젖병을 주면 아이는 젖병을 입에 물고 언제 그랬냐는 듯이 바로 잠이 듭니다. 수면 장애 중에는 앞에서 잠깐 언급한 '수면 개시 장애'란 병이 있습니다. 자기 전에 어떤 특정한 조건이나 행동이 갖춰져야만 잠자는 호르몬인 멜라토닌이 분비되는데, 이것은 잘못된 수면 습관 때문에 생긴 병입니다. 즉, 특정 조건이나 행동이 습관으로 발전하면, 그 상황이 이루어져야만 잠자는 호르몬이 나오게 되는 경우인 거죠. 어찌 보면 단순한 습관으로 볼 수도 있지만, 이는 수면 장애 분류에 표기되어 있는 질환인 만큼 명백한 병입니다.

젖병 없이 잠들지 못하는 민수에게 계속 젖병을 주다가 지친 어머니가 아이의 진단과 치료를 위해 민수를 데리고 수면 클리닉을 방문했습니다. 수면다원검사에선 민수에게 특별한 질병이 없는 것이 확인되었죠. 민수는 자는 힘을 키워야 했던 겁니다. 그래서 저녁시간에 더운물 목욕으로 아이의 근육을 이완시켜 주고, 침실 조명을 따뜻한 미색으로 변경해 줄 것을 권했습니다. 그리고 민수가 아무리 울고 떼를 써도 젖병은 주지 않도록 했고, 스스로 잘 때까지 기다리다가 아이가 졸릴 때 한 번에 침실로 데려가 재우도록 했습니다. 그랬더니 몇 주 후, 민수의 수면 상태는 몰라보게 좋아졌답니다.

🌙 잠들 때 특정 조건이 필요한 불면증

수면 개시 장애라고도 불리는 이 불면증은 잠드는 과정에서 특정한 형태의 자극(예: 살살 흔들어 주기, TV 시청), 물건(예: 젖병, 수면 안대), 또는 환경(예: 불이 켜진 방, 부모의 침대)과 관련이 있습니다. 아이는 이러한 조건이 없으면 적절한 시간 내에 잠들지 못할 뿐만 아니라 중간에 깼다가 다시 잠이 들 때도 어려움을 겪습니다. 전형적으로 이런 장애를 가진 아이들은 잠을 어떤 특별한 물건이나 행동과 연관 지어 취하게 되는데, 아주 어릴 때 잡힌 잘못된 습관 때문에 생긴 장애라고 볼 수 있지요. 이 아이들은 수면과 관련된 특정 조건이나 행동을 시행하면 다시 빠르게 잠드는 게 특징입니다.

이러한 수면 개시 장애 때문에 발생하는 수면 시작 지연 문제는 소아에게서 매우 흔하기 때문에 그 현상이 아주 심각할 때만 수면 장애로 정의합니다. 연관된 조건이 갖춰지지 않으면 수면이 상당히 지연되거나 방해를 받는데, 수면의 시작이나 재개를 돕기 위해서 보호자의 중재, 즉 교정이 필요하지요. 교정하는 방법은 간단합니다. 힘들더라도 아이가 젖병 없이 잘 수 있는 새로운 수면 습관을 만들어 주는 겁니다. 젖병을 빼앗으면 한동안 아이는 울겠지만 시간이 지나면 스스로 적응하고 자게 됩니다. 그러므로 과감히 아이를 젖병 없이 재우는 데 노력을 기울여야 합니다. 자려고 할 때 아이는 어떤 대상이나 도구에 의존할 수 있는데, 도구는 어디까지나 도구로써 이용해야 하지요.

또 아이가 손가락을 빨며 잘 경우에도 많은 부모들이 손가락을 공갈젖꼭지로 대치하거나 여타의 놀이 자극을 통해 아이들을 재우려고 하지만 '이것으로 됐다'고 생각해서는 안 됩니다. 손을 빠는 행동은 수면 중 구강 호흡과 연관이 있기 때문입니다. 아이가 자면서 계속 손을 빤다면 수면다원검사를 통해 구강 호흡과의 연관성을 확인 후 치료를 해 주어야 합니다.

  일시적인 의존 회피가 우리 아이 수면의 근원적인 문제를 해결해 주지는 못하니까요. 특정 조건이 배제된 상태에서 잠이 들 수 있어야 한다는 사실을 꼭 염두에 두어야 합니다!

제한 설정 수면 장애, 왜 밤마다 안 자려고 할까요?

민정이(4세, 가명)는 저녁 식사 후에 하는 소꿉놀이에 푹 빠져 있었습니다. 낮에는 어린이집에서 본인의 장난감을 마음껏 가지고 놀 수 없기 때문에 밤에 집에서 여유 있게 노는 거였죠. 엄마가 잘 시간이 되어 재우려 해도 민정이는 자지 않고 계속 놀겠다고 매일 떼를 쓰고 울어대기 일쑤였습니다. 상담 결과, 민정이는 전형적인 제한 설정 수면 장애 증세를 가진 아이였습니다.

잠자기를 질질 끌거나 거절하는 것이 제한 설정 수면

장애를 가진 아동들의 특징인데요. 보호자가 제한을 강제하면 빨리 잠들지만, 그렇지 않으면 잠들기까지 시간이 지연됩니다. 문제는 부모가 아이의 수면 환경을 제한하고, 그에 따른 아이의 행동을 다루는 데 어려움이 있을 때 비롯됩니다. 잠을 자지 않으려는 행동은 주로 취침 시각을 지연시키려는 시도로 잠자기를 거부하며 반항하거나 불을 끈 이후에 떼를 쓰는 형태로 나타나지요. 수면을 거부하는 행동은 침대에 들어갈 준비를 거절하거나 방에 들어가기를 거부하는 행동, 침실에서 부모를 따라 나가려는 행동 등을 예로 들 수 있습니다.

민정이의 경우, 일단 저녁시간에 저절로 잠이 쏟아지게끔 기본적으로 편안한 수면 환경을 조성해 주기를 부모님께 권했습니다. 무엇보다 일관된 수면 위생과 수면 교육을 통해 잠자기의 중요성을 아이에게 심어 주는 게 필요했지요. 우선 집에선 저녁 식사 후 모든 형광등을 제한하고, 간접 조명, 미색 전구 등을 켜두어 편안한 환경에서 아이의 멜라토닌 분비를 유도하도록 했습니다. 그런 다음 아이에게 소꿉놀이를 빼앗고 잠을 자라고 강요하는 대신 침대에서 엄마, 아빠가 책을 읽어 주는 등 자연스러운 수면을 유도할 수 있는 방향을 제시해 주었습니다. 아이를 재우기 위해선 무작정 장난감을 빼앗으며 놀지 못하게 하는 것보다, 잠들기 전에 아이와 함께할 수 있는 편안한 놀이를 부모가 찾는 게 중요했기 때문이지요. 대략 2주 정도 지속적으로 자연스럽게 잠이 쏟아지는 환경을 조성해 주고, 수면 의식을 시행한 결과, 민정이의 불면은 해결되었습니다.

행동 불면증, 어떻게 개선해야 할까?

부모와 과도한 분리 불안이 있는 아이들에게는 제한 설정 수면 장애 중 하나인 행동 불면증이 나타날 수 있습니다. 분리 불안이 있는 아이들은 입면 문제보다는 부모와 떨어져 있는 불안이 먼저이므로 아이의 불안에 대한 이해와 적절한 행동 치료가 선행되어야 합니다. 그런데 이와 정반대로, **행동 불면증은 보호자가 제한을 거의**

두지 않을 때 발생하기도 합니다. 때론 보호자의 일관성 없는 반응이나 예측 불가능한 태도가 아이의 증상을 악화시키고 각성을 유지하게 하지요. 그렇다고 아이가 요구하는 대로만 부모가 끌려간다면 문제는 더욱 심각해질 수 있습니다. 그러므로 주 양육자인 부모의 일관성 있는 태도, 예를 들면, 자기 전에 조용한 목소리로 책을 읽어 주거나 차분한 놀이를 함께 하는 등의 잠자리 의식이 아이의 행동 불면증을 개선하는 데 무엇보다 중요하다는 점을 꼭 기억하셔야 합니다. 덧붙여 야간에 수면 규칙 및 제한 설정은 아이가 생후 6개월이 되기 전에 시행하는 것이 효과적이라는 점도 염두에 두시기 바랍니다.

뒤바뀐 수면 리듬,
낮에 자고 밤에 우는 아이
어떡하죠?

생후 1년이 지난 민서(가명)는 낮과 밤이 바뀐 생활을 한 지 1년이 지났는데도 여전히 밤낮을 가리지 못하고 밤에는 자다 깨다 하면서 울곤 했습니다. 생후 6개월 지나 밤중 수유를 끊고 야간 수면의 리듬을 찾아야 할 때, 수유를 끊으려고 하면 계속 울어서 밤새 아이와 엄마가 실랑이를 벌이는 게 일이었지요. 결국은 지친 엄마가 야간에 수유를 하고 놀아 주게 되었는데요. 그러다 보니 아이는 낮에 오히려 피곤해서 낮잠을 하루 평균 3시간 이상 깊게 자게 된 겁니다. 아이의 수면 리듬이 뒤바뀐 것이었죠. 이러다가는 아이의 성장에도 문제가 생기고, 나중에 어린이집이나 유치원에 가서도 적응하지 못할 것 같아 민서의 부모님은 걱정이 이만저만 아니었습니다. 주변의 다른 아이들은 잘 적응하는 것 같은데 왜 유독 우리 아이만 힘든 건지 답답하기만 했습니다.

민서는 영아기에 모유 수유 시간 관리 부족이 수면 리듬 장애로까지 발전된 케이스였는데요. 우선 아이의 상태를 관찰하기 위해, 오전에 아이가 푹 자게 내버려 둔 후 스스로 일어나는 시간을 확인해 보았습니다. 그랬더니 아이가 스스로 일어나는 시간이 오전 10시쯤이었지요. 이 시간을 토대로 그다음 날 오전 9시 30분에 아이를 깨워 무조건 야외 햇빛에 노출시키기를 부모님께 권해 드렸습니다. 이렇게 아이가 일어나는 시각을 매일 30분씩 당겨 1주일 안에 8시까지 기상 시각을 당기도록 했고, 낮잠은 오후 2시 이전에 30분 이내로 자게 했고요. 그리고 저녁 8시 이후에는 형광등을 끄고 미색 간접 조명으로 야간에 노출되는 조도를 낮추도록 했습니다.

오전에 망막이 햇빛에 노출된 후 15시간이 지나서 어둠에 노출되면 멜라토닌이 분비되는 메커니즘을 이용한 것이었죠. 이 방법을 통해 단 2주 만에 민서는 수면 리듬을 정상으로 되돌릴 수 있었습니다.

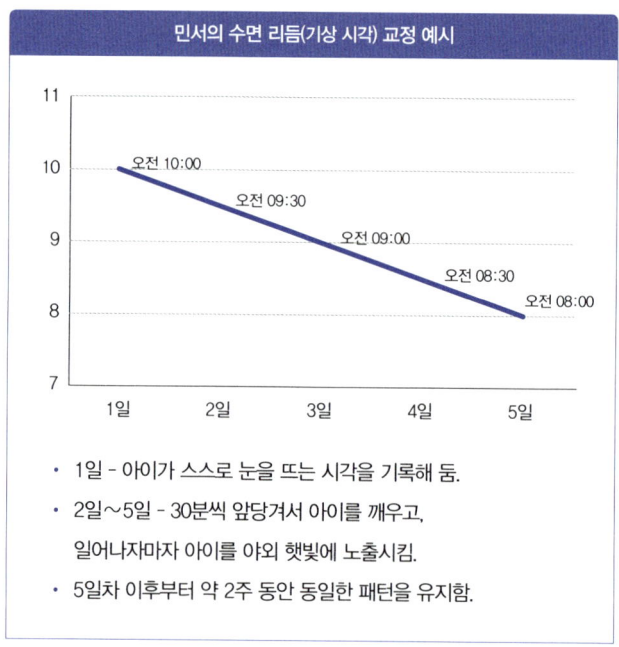

- 1일 - 아이가 스스로 눈을 뜨는 시각을 기록해 둠.
- 2일~5일 - 30분씩 앞당겨서 아이를 깨우고, 일어나자마자 아이를 야외 햇빛에 노출시킴.
- 5일차 이후부터 약 2주 동안 동일한 패턴을 유지함.

여기서 잠깐!

주·야간 수면 리듬 교정 요령

주·야간 수면 리듬 교란 때문에 생긴 불면증을 치료하려면 각자의 생물학적 특성에 맞게 생활 패턴을 조절해야 합니다. 그리고 기상 시각을 조절할 땐 시계 반대 방향보다는 시계 방향(낮~저녁~밤)으로 진행하는 게 좋습니다. 수면 리듬이 완전히 돌아오려면 리듬을 바로잡는 데 2주, 이것을 습관화하는 데 2주, 이렇게 최소 4주 정도는 노력을 통해 수면 리듬을 안정시켜야 합니다.

야간에는 집안에 빛이 들어오지 못하게 두꺼운 커튼을 쳐두고, 잠자기 1시간 전에 미온수로 목욕을 합니다. 자기 전 따뜻한 우유를 마시는 것도 멜라토닌 분비를 촉진시켜 잠을 잘 오게 하는 데 도움을 줍니다.

기상 시각을 바로잡으려면, 민서처럼 오전 기상 시각을 30분씩 당겨 주는 방법을 시행합니다. 첫날은 11시, 그다음은 10시 30분, 다음 날은 10시 이런 식으로 하루에 30분씩 일찍 일어나서 30분 이상 오전에 햇빛을 보게 하고, 원하는 기상 시각이 됐을 때 그날부터 해당 패턴을 2주 동안 유지합니다. 그러면 그 패턴이 습관으로 자리 잡게 되는 거지요. 낮잠은 최소한으로 줄이는 게 좋습니다. 힘들면 오후에 1시간에서 2시간 이내로만 자도록 합니다. 그래도 낮과 밤이 돌아오지 않는다면 만성 불면증이 되기 전에 수면 클리닉을 방문해야 합니다.

이런 방법은 장거리 해외여행 시 발생하는 시차 적응에도 비슷하게 적용할 수 있습니다. 현지 시차에 바로 적응하기 위해서는 떠나기 며칠 전부터 여행지 시간에 맞추어 미리 수면 시간을 조절합니다. 그리고 여행지에 도착한 후 2~3일째부터 오전에 햇볕을 쬐며 산책을 하면 보다 빨리 시차에 적응할 수 있습니다.

이때 두 가지 주의할 점이 있는데요. 하나는 먼저 여행지에 도착하고 2~3일 뒤에 볕을 쬐어야 한다는 점입니다. 몸은 여행지에 왔지만 생체 시계는 아직 평소 생활하던 곳에 맞춰져 있기 때문에 너무 일찍 오전에 볕을 쬐면 오히려 상태가 나빠질 수 있습니다. 또 다른 하나는 오전에 햇볕을 쬘 때는 뛰기보다 걷기가 좋습니다. 아침에 뛰게 되면 뇌 안에 세로토닌이라는 물질이 분비되어 광선 치료의 효과가 억제됩니다. 그러므로 아침에는 조깅보다 가벼운 산책이 수면 리듬을 바로잡는 데 효과적입니다.

🌙 수면 제한법

잠은 원래 일정한 시간에 자는 것이 아닙니다. 일어나는 시간만 일정하면 되는 것이죠. 매일매일 상황이 다르기 때문입니다. 일정한 시각에 자려고 억지로 애를 쓰다가 불면이 생기는 겁니다. 수면 제한법은 잠을 오랫동안 자지 않으면 숙면의 가능성이 높아진다는 '수면 항상성 이론'에 기초해 개발되었습니다. 아무리 잠을 못 자는 사람도 오랜 시간 잠을 못 자게 한다면 자신도 모르게 잠에 빠지는 건 당연한 이치입니다. 단순히 잘 시간에 맞춰 침실에 들어가 억지로 잠을 청하는 것이 아니라 잠이 올 때만 침실에 들어가면 뇌가 수면 환경에 항상성을 갖게 되어 쉽게 잠이 들게 됩니다.

아이를 억지로 재우려고 노력하는 순간에 아이의 뇌는 각성합니다. 따라서 단순히 재우려는 노력만으로는 아이를 절대 재울 수 없습니다. 오히려 잠을 못 자게 하면 잠들기 위해 하는 노력이 줄어들면서 뇌의 각성도 줄어 아이는 쉽게 잠에 빠지게 되는 거죠.

소아 우울증,
새벽에 눈을 뜨는 아이
무엇이 문제일까요?

초등학교 4학년생인 혜정이(가명)는 매일 밤 꿈을 꾸다가 너무 일찍 새벽에 눈이 떠지는 게 고민이었습니다. 이른 새벽, 잠에서 깨어 뜬눈으로 아침을 맞은 지 벌써 수개월째였지요. 잠을 자고 난 뒤에 생생하게 기억나는 간밤의 꿈들은 혜정이를 더욱 피곤하게 했습니다. 어떤 날은 시리즈로 연속된 꿈을 꾸기도 했고요. 한마디로 잠을 잔 게 아니라 원하지 않는 한편의 영화를 강제로 본 듯한 느낌이 들 정도였습니다. 혜정이는 매일같이 새벽 4시경이 되면 어김없이 눈이 떠졌는데, 다시 잠들려고 아무리 노력해도 잠이 오지 않았습니다. 급기야 어떻게 다시 잠을 자야 할까 하는 새로운 걱정이 하나 더 생기기까지 했지요. 이런 상태는 정신 건강에 해로울 뿐만 아니라 몸 컨디션에도 좋지 않은 영향을 미쳤습니다.

실제로 혜정이는 아침에 일어나면 몸이 물먹은 솜처럼 천근만근으로 무겁게 느껴졌습니다. 아이는 거의 밤을 새운 것과 같은 상태로 등교했고, 수업 시간에 자신도 모르게 조는 일이 점점 잦아졌습니다. 그다음 날도 다음다음 날도 같은 상황은 계속해서 반복되었습니다. 사정이 이렇다 보니 혜정이는 집에서 점점 짜증을 부리기 시작했고, 얼굴에서도 웃음이 사라져 갔지요. 거기에 집중력까지 떨어져서 수업이 지루해졌고, 학교생활에 활력도 잃어갔습니다. 게다가 가족들은 잠을 제대로 못 자서 예민해질 대로 예민해진 혜정이의 눈치를 살피며, 투정을 받아 주어야만 했지요. 이렇게 예민해진 혜정이는 중학교에 다니는 두 언니들과도 툭하면 말다툼을 했고, 학교 친구들과도 다툼이 잦아져 결국 외톨이가 되는 상황까지 벌어졌습니다.

새벽에 너무 일찍 깨서 괴로워하는 혜정이를 보다 못한 엄마가 아이를 데리고 수면 클리닉을 방문했습니다. 다행히 혜정이는 상담 결과, 우울증 초기인 것으로 진단되었습니다. 학교 친구와의 다툼으로 시작한 감정 변화가 점점 커져 결국 소아 우울증으로까지 악화된 경우였죠. 혜정이에게 낮에 1시간씩 일광욕을 하도록 했고, 잠에 대한 두려움을 없애고 자신감을 느끼게 하려고 상담을 통해 생각과 행동 등을 교정해 주는 인지행동치료를 겸해 주었습니다.

2~3주 정도가 지나자 아이의 컨디션이 조금씩 좋아지기 시작했고, 자연스럽게 혜정이의 가족도 예전 그대로의 활력을 다시 찾아갔습니다. 혜정이는 원만한 교우 관

계도 되찾게 되었지요. 마지막으로 혜정이가 병원에 왔을 때에는 몰라볼 정도로 밝고 긍정적인 아이가 되어 있었습니다.

자면서 많은 꿈을 꾸거나 새벽에 일찍 깨는 사람들의 가장 큰 공통점은 우울증이라고 볼 수 있습니다. 우울한 느낌이 없다 해도 우울증의 첫 번째 증상은 수면 장애로 나타나곤 하지요. 우울하면 꿈을 많이 꾸게 되는데 문제는 이 꿈이 정리되지 않는다는 데 있습니다. 그리고 이유 없이 자주 깨기 때문에 이런 상황을 방치하면 숙면이 어려워져 우울증이 더욱 악화되기도 하지요. 그래서 우울하면 잠에 문제가 생기고 잠에 문제가 있으면 다시 우울해지는 악순환이 이어지는 겁니다.

마음의 문제는 아이든 어른이든 알아차리기가 쉽지 않습니다. 이유 없이 아이가 침체되고 잦은 짜증을 낸다면, 먼저 아이의 수면 상태를 확인하고 전문의와 상담해 보기를 권합니다.

소아 하지 불안증, 갑자기 다리를 터는 아이 수면 장애인가요?

 김제인(가명) 씨의 소원은 밤에 잠을 푹 자 보는 것이었습니다. 아들 준수(3세, 가명)가 매일 밤 잠들지 않고 밤새 뒤척이며 칭얼거렸기 때문이지요. 준수는 재우려고만 하면 이리저리 뒤척이다 일어나서 집안의 각 방을 돌아다니기까지 했습니다. 심지어 답답하다며 집 밖으로 나가자고 떼를 써서 부모도 잠을 잘 수가 없었지요. 아이는 제대로 표현을 못 하니 밤마다 짜증만 부렸습니다. 그러던 아이가 갑자기 어느 순간부터 다리를 터는 증세를 보이기 시작했습니다. 그저 아이의 단순한 잠투정으로만 생각했던 김제인 씨는 아이가 다리를 터는 모습에 부랴부랴 수면 클리닉을 찾아왔습니다.

수면다원검사와 피검사를 통해 준수는 하지 불안 증후군을 앓고 있는 것으로 밝혀졌는데요. 검사 결과를 보니 준수의 철분 수치가 정상보다 많이 떨어져 있었습니다. 그래서 바로 준수에게 철분제 보강을 처방했습니다. 더불어 근육 수축에 자극이 되는 야간 활동을 제한시켰고, 근육 이완을 자극하는 족욕을 해 주도록 권했습니다. 그러자 준수의 하지 불안 증세는 완화되기 시작했지요. 이 루틴을 대략 2주 동안 꾸준히 지속한 끝에 준수는 드디어 밤에 이상 증세 없이 숙면을 취할 수 있게 되었습니다.

숙면을 방해하는 하지 불안 증후군

하지 불안 증후군은 밤에 유독 심한 경우가 많지만, 낮에도 가만히 움직이지 않고 고정 자세로 있을 때 그 증세가 심해지는 병입니다. 그런데 이보다 심각한 문제는 이 증상을 병이라고 인지하지 못해 제대로 된 치료를 받지 못하는 경우가 허다하다는 점입니다. 아이가 잠 못 들며 짜증을 내는 하지 불안 증후군은 주로 잠들기 전 다리에 불편한 감각으로 나타나는데, 이 불편한 감각이 다리를 이리저리 움직이게 해서 깊은 잠을 방해합니다. 주로 낮보다는 밤에 잘 발생하고, 다리를 움직이지 않으면 심해지지만, 다리를 움직이면 곧바로 정상으로 돌아오기 때문에 대수롭지 않게 여기기 쉽습니다.

이런 하지 불안 증후군은 숙면을 방해하는 훼방꾼입니다. 잠만 자려고 하면 찾아와서 다리에 벌레가 기어다니는 듯한 불편한 느낌을 들게 하고, 통증을 동반하기도 하지요. 삶의 질을 떨어뜨리는 하지 불안 증후군의 원인은 유전, 영양, 질병, 환경 등으로 다양한데요. 특히 실내 생활의 비중이 커진 최근에는 신체 활동량과 햇볕을 쬐는 시간이 줄어든 탓에 소아 하지 불안 증후군이 더 빈번히 발생하고, 그 증상이 더 심각하게 나타나기도 합니다.

🌙 하지 불안 증후군의 주요 증상

하지 불안 증후군은 국내에서는 아직까지 생소한 질병이지만 미국이나 유럽에서는 60세 이상 노인 중 약 5~15% 정도가 이 병을 앓고 있습니다. 이 병은 유전의 영향을 많이 받는데 가족 중 어느 한 명이 앓고 있을 때, 또 다른 한 명이 앓고 있을 가능성이 가족 내에서 70% 확률로 나타납니다. 소아의 경우, 8~11세의 1.9%, 12~17세의 2.0% 정도가 이 병을 앓고 있습니다. 하지 불안 증후군은 대부분 발목부터 무릎 사이의 종아리 부분에 감각 이상으로 나타납니다.

주요 증상으로는 마치 전기에 감전된 것처럼 다리가 저리고, 누군가 다리를 주물러 주었으면 하는 느낌, 또

는 갑자기 다리에 뜨겁고 차가운 느낌이 들거나 앞서 말한 것처럼 벌레가 기어 다니는 듯한 느낌이 들기도 합니다. 그리고 다리가 답답해서 베개를 다리 사이에 끼워야 잘 수 있거나, 자신도 모르게 옆에서 자는 사람을 갑자기 발로 차는 증상을 보이기도 합니다. 이 병은 뚜렷한 원인 없이 나타나기도 하고, 철분이나 비타민 부족 혹은 소아 당뇨와 같은 질환 때문에 발생하기도 합니다. 다음은 하지 불안 증후군의 주요 증상들을 정리한 항목입니다. 주로 저녁이나 밤에 증상이 심해지므로, 날이 어두워지면 반드시 아이의 상태를 주의 깊게 관찰해 보아야 합니다.

여기서 잠깐!

하지 불안 증후군의 일반적인 증상

1. 다리 감각 이상이 주로 무릎 아래 종아리 부분에 발생한다.
2. 전기에 감전된 것처럼 다리가 저리다.
3. 다리에 표현하기 힘든 감각 이상이 있다.
4. 밤마다 다리가 불편해서 가만히 있기 힘들다.
5. 다리에 이상 감각이나 불편한 느낌이 들어 자면서 몸을 많이 뒤척인다.
6. 다리에 화끈거리거나 차가운 느낌이 든다.
7. 다리에 벌레가 기어 다니는 것 같고 가려움이 느껴진다.
8. 다리가 답답해서 다리 사이에 베개를 끼우고 잔다.
9. 다리를 흔들거나 어딘가에 문질러야 불편함이 감소한다.
10. 다리를 날카로운 것으로 찌르는 것 같은 느낌이 든다.

소아 하지 불안 증후군 예방법

대개 아이들이 겪는 하지 불안 증후군은 과소 진단될 가능성이 높습니다. 하지 불안을 가진 아이들은 불면증 때문에 부주의나 과잉 행동을 포함한 행동 문제를 일으키기도 하는데요. 이 때문에 일반인에게 생소한 소아 하지 불안 증후군이 주의력 결핍 장애 등과 같은 정신 질환으로 잘못 진단되기도 합니다. 그러므로 우리 아이가 수면 장애나 집중력 저하를 보인다면 혹시 하지 불안 증후군을 앓고 있지는 않은지 한 번쯤은 의심해 보아야 합니다.

소아 하지 불안 증후군의 가장 좋은 치료 시기는 초기에 원인을 찾아 상태를 악화시키는 요인을 감소시키는 것입니다. 가장 먼지 철분 결핍을 주원인으로 고려해 볼 수 있는데, 저장철 양을 반영하는 혈청 페리틴을 측정해야 합니다. 이때 철을 함유한 종합 비타민을 권장하기도 하지요. 하지 불안 증상의 개선을 위해서는 수 주 또는 수개월의 철 보충 치료가 필요할 수도 있습니다. 솔직히 말하면, 하지 불안 증상을 가진 아이들에게는 좋은 수면 위생이 무엇보다 큰 도움이 됩니다. 여기에는 규칙적인 수면 습관도 포함되지요. 취침하기 몇 시간 전에는 무거운 식사나 운동을 피하고, 취침 시간이 다가올 땐 TV를 보거나 게임을 하는 등의 수면을 방해하는 활동을 피하는 게 좋습니다.

> **여기서 잠깐!**
>
> ### 하지 불안 증후군 진단 기준
>
> 1. 불편하고 불쾌한 다리 감각 때문에 다리를 충동적으로 움직이는 경우
> 2. 불쾌한 다리 감각이 다리를 움직일 때보다 가만히 둘 때 악화되는 경우
> 3. 다리를 움직이려는 충동이나 다리의 불쾌한 감각이 저녁이나 밤에 더 심해지는 경우
> 4. 다리의 불쾌한 감각이나 다리를 움직이려는 충동이 걷기나 또는 스트레칭과 같은 운동을 통해 부분적으로 또는 완전히 완화되는 경우

* 성인 기준으로 위의 4가지에 부합해야 하고, 아이들은 스스로 자세히 표현하지 못하므로 위 기준과 더불어 다음 아래 3가지 중 2가지 이상이 추가로 부합되어야 하지 불안 증후군으로 진단할 수 있습니다.

① 수면 장애를 호소하는 경우
② 확실한 하지 불안 증후군을 가진 생물학적 부모 또는 형제가 있는 경우
③ 수면 시간당 5개 이상의 움직임에 대한 주기적인 사지 운동 지수를 문서화한 수면다원검사 결과가 있는 경우

사지 운동증,
자면서 돌아다니는 아이를
막을 순 없을까요?

  6살 동준이(가명)는 자면서 가만히 있질 못하고 다리를 이리저리 움직였습니다. 심지어 수면 중 자주 다른 방으로 이동해 부모의 수면마저 방해하기도 했죠. 한방에서 얌전히 누워 잘 때보다 온 집안을 돌아다니며 잘 때가 많았습니다. 그래서 동준이는 아예 자기 방이 아닌 안방에서 엄마, 아빠와 함께 잠을 자곤 했습니다. 동준이는 자면서도 다리에 무언가를 올려놓고 자거나 남의 다리에 자기 다리를 올리고 자는 경우가 많았는데요. 이런 행동은 같이 자는 엄마, 아빠의 수면에도 문제가 되었습니다. 그러던 동준이는 밤중에 자다가 2번 이상 깨서 돌아다니기 시작했는데, 날이 갈수록 그 횟수가 늘어났습니다. 밤에 잠을 제대로 못 잔 아이는 낮 동안에 짜증을 점점 심하게 부리기도 했죠. 이런 상황을 지켜보던 엄마, 아빠는 아이와 함께 수면 클리닉을 찾았습니다.

수면다원검사에서 동준이는 사지 운동증 증세를 보였습니다. 사지 운동증은 하지 불안증과 비슷한 질환인데 조금 다릅니다. 하지 불안증은 수면 중 도파민 부족이 원인으로, 주로 잘 때 다리가 불편해지는 질환이고요. 사지 운동증은 수면다원검사에서 시간당 5번 이상 다리 근육 수축이 일어나면서, 동시에 그 다리 근육 수축이 수면 중 90초 정도 간격으로 4번 연속 발생하는 조건이 모두 충족되어야 진단되는 질환입니다. 사지 운동증은 수면다원검사를 기준으로 판단하기 때문에 검사를 하지 않고는 알 수 없습니다. 하지 불안 환자의 70%에서 사지 운동증이 발견되는데, 사지 운동증이나 하지 불안증이 있는 부모의 자녀에게서 더 빈번하게 발생합니다. 만일 아이에게 사지 운동증 증세가 보인다면 부모나 다른 가족에게도 증세가 있지는 않은지 살펴봐야 합니다.

한편, 동준이의 사지 운동증 원인은 생각지도 못했던 빈혈이었습니다. 6개월 전 편도선 수술을 하고 출혈이 있었는데, 그 출혈이 철분 결핍을 초래했던 겁니다. 그 때문에 뇌 안의 도파민이 불균형을 일으켜 사지 운동증이 된 것이었죠. 편도선 수술 후 많은 출혈이 있었는데도 아이가 목이 아프다고 해서 꽤 오랜 기간 철분이 많은 육류 대신에 죽과 같이 묽은 종류의 음식만 먹인 것이 빈혈을 유발했던 겁니다. 동준이의 빈혈은 철분제 처방을 통해 개선될 수 있었습니다. 적절한 처방을 받은 동준이는 집안을 돌아다니지 않고 자기 방에서 편안하게 잠을 자고 있답니다.

야경증, 자다가 소리치는 아이 무슨 병이 있는 걸까요?

성민이(11세, 가명)의 아빠는 아들 때문에 걱정이 많았습니다. 성민이가 자다가 갑자기 벌떡 일어나 머리가 아프다고 소리치거나 겁에 질린 표정으로 땀을 흘리며 마구 악을 쓰는 일이 잦았기 때문입니다. 주로 밤 12시에서 12시 30분 사이에 이런 일이 벌어지곤 했습니다. 일주일에 두세 번 정도 이렇게 한바탕 소동을 벌였는데, 처음엔 그냥 나아지겠거니 하고 두고 보았지만 아이의 발작이 계속되자 성민이 아빠는 여간 심란한 게 아니었지요. 밤에 자꾸 깨서 제대로 잠을 못 잔 아이는 낮에 학교에서 수시로 졸기까지 했습니다. 어디가 아프거나 문제가 생긴 것은 아닐까 슬슬 걱정이 되기 시작한 아빠는 성민이를 데리고 수면 클리닉을 찾아왔습니다.

성민이는 수면다원검사를 통해 3단계 깊은 잠에서 반복적으로 각성파가 발생하는 야경증으로 진단되었습니다. **야경증은 일단 아이의 수면을 깨우는 각성파를 없애야 합니다.** 그래서 아침에 성민이의 햇빛 노출 시간을 늘리도록 했습니다. 그리고 아이가 잠이 들면 1시간 30분 안에 알람을 맞추어 두어, 야경증이 발생하는 서파 시간대 전에 아이를 미리 깨우도록 했습니다. 이 방법은 야경증 증세를 예방해 줍니다.

성민이 사례처럼 늘 같은 시간에 야경증 증세가 있을 때는 야경증이 나타나기 20~30분 전에 아이를 미리 한 번 깨운 뒤에 다시 재우는 것도 하나의 방법입니다. 그러나 증세가 너무 잦고 몇 년이 지나도 나아지지 않는다면 의사와 상담을 한 후 약물 치료를 해 주어야 합니다.

상담 도중 알게 된 사실인데, 성민이는 집안의 3대 독자였고, 부모가 늦은 나이에 힘들게 얻은 아이였습니다. 그래서 온 가족이 성민이를 끔찍이 아끼고 있었죠. 이러한 지나친 과잉보호가 도리어 아이의 스트레스를 유발했던 겁니다. 당시에는 이들 부부에게 차마 그 말을 하지 못했는데요. 요즘 젊은 부부들의 양육 태도를 볼 때마다 아쉬움이 남는 부분입니다.

아이를 진정으로 사랑하는 방법에는 어떤 것이 있을까요? 깨어 있는 낮에 지나친 과잉보호는 자제하고 잠들어 있는 밤에 혹시 우리 아이가 잠 때문에 고통받고 있지는 않은지 당장 오늘 밤부터 살펴볼 일입니다.

성장 중에 나타나는 일시적인 잠 습관

소아기의 수면 장애로는 야경증, 몽유병, 잠꼬대 등이 있는데, 병이라고 보기보다는 성장 중에 나타나는 일시적인 잠 습관으로 보는 경우가 많습니다. 그러나 반복적으로 일정한 패턴을 보이면서 그 횟수가 줄지 않을 때는 반드시 수면다원검사를 통해 그 원인 파악을 해야 합니다. 드물지만 간질에 의한 이상 행동도 감별해야 하기 때문이죠. 아이가 월 4회 이상 지속적인 야경증, 몽유병, 잠꼬대 등과 같은 증세를 보인다면 전문의의 진단을 받아 보길 바랍니다.

야경증

앞선 사례에서 소개했듯이 야경증은 자다가 갑자기 비명을 지르면서 헛소리를 하고, 손짓과 발짓을 하면서 공포에 질린 행동을 말하는데, 잠에서 깬 뒤에는 자신의 행동을 전혀 기억하지 못하는 게 특징입니다. **주로 3~4세 이후에 많이 나타나며, 잠든 후 3단계의 깊은 수면에 접어들고 나서 2~3시간 이내에 증세를 드러냅니다.**

몽유병

몽유병은 잠자리에서 일어나 돌아다니는 등 상당히 복잡한 행동을 보이는데요. 야경증과 마찬가지로 주로 잠들고 2~3시간 정도가 지난 뒤에 발생합니다. 야경증보다 조금 늦은 만 5~6세 이후에 나타나지만, 야경증과 섞여서 나타날 수도 있습니다.

나쁜 꿈을 꾸다 놀라서 깨는 건 몽유병이 아니라 악몽입니다. 악몽은 몽유병과는 달리 수면 후반부, 아이들이 일반적으로 잠에서 깨기 2~3시간 전에 해당하는 새벽에 잘 발생하기 때문에 무서운 꿈 내용을 곧잘 기억하는 것이 특징입니다.

몽유병과 잠꼬대는 뇌 신경이 발달하는 과정에서 생기는 현상으로 뇌 발달이 완성된 성인이 되면 대부분 사라지므로 크게 걱정할 필요는 없습니다. 그리고 소아 잠꼬대는 성인보다 회복 경과가 좋기도 하고요. 하지만 몽유병은 아이가 무의식적인 상태로 돌아다니다가 다칠 수 있으므로 미리 집안의 위험한 물건을 치워 두고, 아이가 집 밖으로 나가지 않도록 창문이나 현관문을 꼭 잠가 두어야 합니다.

잠꼬대

잠꼬대는 성인과 아이 모두에게 나타날 수 있는 증상입니다. 사람마다 편차가 심하기는 하지만 혼자서 중얼거리는 단순한 증세부터 다른 사람에게 명령하거나 울부짖는 등의 다양한 형태로 나타납니다. 이런 잠꼬대는 모든 수면 단계에 걸쳐 나타날 수 있으며, 그에 따라 잠꼬대 내용도 달라질 수 있습니다. 자다가 갑자기 깨서 소리를 지르거나 겁에 질려 울거나 정신을 못 차리는 상태로 돌아다니는 경우도 있습니다.

소아 불면증 '비약물' 치료법

앞의 사례들로 살펴본 소아 불면증은 구체적으로 어떻게 치료하는 게 좋을까요? 치료 방법은 우선 크게 약물 치료와 비약물 치료로 나눌 수 있습니다. 약물 치료는 신속한 증상의 호전을 가져오지만 내성, 약물 의존성과 같은 부작용이 생길 수 있으므로 확실한 이차적인 원인 없이 소아에게는 함부로 투여하지 않습니다. 약물은 반드시 전문의와 상담을 통해 처방을 받고 투약해야 합니다.

비약물 치료는 약물 치료에 비해 지속적인 효과를 얻을 수 있고 후유증이 별로 없기 때문에 가정에서 손쉽게 시도해 볼 수 있습니다. 비약물 치료는 행동 치료와 광 치료로 나뉘는데, 일차성 불면증에선 행동 치료를 가장 적절한 치료법으로, 이차성 불면증에서는 보조적인 치료법으로 활용하고 있습니다. 광 치료보다는 일반적으로 행동 치료 효과가 더 강력하게 지속됩니다.

행동 치료

긴장 이완은 부교감신경을 활성화시켜 수면 호르몬인 멜라토닌 분비를 증가시키죠. 긴장 이완은 하루 일과 동안 쌓인 긴장을 최소화하는 것을 목표로 하는데요. 이 방법은 불면증 치료 중 가장 쉽고 효과도 좋습니다. 긴장 이완법에는 명상과 복식 호흡 등이 있습니다.

편안히 앉아서 한 손은 가슴에 대고, 다른 한 손은 배 위에 올린 상태에서 숨을 들이쉴 때 배만 나오고 내쉴 때도 배만 들어가도록 호흡해 보세요. 이렇게 근육의 긴장을 풀어 주면 숙면에 큰 효과가 있습니다. 이 방법은 양육자에게 먼저 권하고, 불면증을 겪는 소아에게는 강제 근육 이완법을 권합니다.

강제 근육 이완법으로 가장 좋은 방법은 더운물 목욕입니다. 너무 뜨겁지 않은 따뜻한 물로 아이가 살짝 땀이 날 정도로만 목욕을 시켜 주세요. 이렇게 하면 근육이 이완되면서 2시간 뒤에 아이의 체온이 떨어져 멜라토닌 분비가 촉진되지요. 그러면 몸이 숙면에 최적화된 상태가 됩니다.

광(光) 치료

잠자리에서 핸드폰이나 TV를 보는 것과 같은 수면에 부적합한 행동이 불면증을 유발한다는 전제하에 시행되는 방법입니다. 특히 흰색과 파란색 빛이 아이의 수면을 크게 방해하는데요. 바로 형광등과 핸드폰에서 나오는 광원인 블루 라이트가 문제입니다. 아이가 주로 활동하는 거실이나 아이 방에는 따뜻한 미색 광원을 설치해 시신경 자극에 따른 각성을 줄여 주어야 합니다.

광 치료는 누구에게나 쉽게 적용할 수 있으며, 다른 치료법보다 비교적 실천하기 쉬워서 아이의 숙면을 위해 적극 권장하는 방법입니다.

4장

똑똑한 머리와 튼튼한 몸을 위한 최강의 수면 습관

지금까지 아이의 수면 상태를 점검해 볼 수 있는 구체적인 사례와 방법을 살펴보았는데요. 끝으로 4장에서는 우리 아이의 건강한 최강의 수면 습관을 만들 수 있는 비법을 풀어 보려고 합니다. 찬찬히 보시고 각자 아이에게 맞는 방법을 적용해 보세요. 다음 방법들이 아이의 건강한 수면 습관 형성에 조금이나마 도움이 되기를 바랍니다.

우리 아이는 도대체 얼마나 자야 하는 걸까요?

 흔히 아이들은 평균 9시간 이상을 자야 건강하다고 합니다. 이것은 성인들의 평균 권장 수면 시간인 7.5시간에서 근거한 말이지요. 엄밀하게 따지면 어떤 사람은 평균보다 많이 자야 하지만 어떤 사람은 평균보다 덜 자도 무리 없이 생활할 수 있다는 게 솔직한 답변입니다. 잠자는 시간은 사람마다 다릅니다. 놀랍게도 사람에게 필요한 수면 시간은 대체로 태어날 때부터 정해진 유전자에 의해 결정됩니다.

하루는 24시간입니다. 이렇게 정해진 시간 안에서 많은 사람들이 일을 하고 자기만의 시간을 보냅니다. 유치원, 학원, 그리고 학교를 가기 위해서 이른 아침부터 준비하고, 건강을 위해 운동도 하지요. 그런데 우리는 인생의 3분의 1을 잠을 자며 보내야 합니다. 평균 84년 동안 산다고 볼 때 그중 28년을 자야 한다고 생각하니 잠자는 시간이 조금 '아깝다'는 생각이 드는 것도 무리는 아닙니다. 그러나 이런 생각은 잠이 우리 몸에 미치는 영향이 무엇인지 잘 모르기에 할 수 있는 이야기입니다.

잠으로 보내는 하루 3분의 1은 깨어 있는 3분의 2를 결정짓는 가장 중요한 변수입니다. 성장기 아이들은 이 3분의 1을 어떻게 보내느냐에 따라 신체의 운동 능력이나 컨디션, 창의력, 기억력에 영향을 미치는 기능이 조절되고 결정됩니다. 그러므로 자는 시간에 너욱 신경을 써야 하지요. 아이들은 잠을 줄여서 무엇을 할지 고민해선 안 됩니다. 충분히 쉬고 푹 자는 아이가 자신의 능력을 최고로 발휘할 수 있습니다. 그렇다면 의학적으로 권장되는 나이별 적정 수면 시간을 한번 짚고 넘어가 볼까요?

🌙 나이별 평균 수면 시간

나이별 평균 수면 시간은 의학적으로는 정해져 있습니다. 하지만 단도직입적으로 말하면 적정 수면 시간에는 개인차가 있을 수밖에 없지요. 노력으로 줄일 수 있는 수면 시간은 최대 30분 정도입니다. 그 이상을 억지로 줄이면 수면 부족으로 건강에 이상이 생깁니다. 아이들은 평소에 잠이 모자라면 버티고 버티다가 어느 순간에 갑자기 몰아 자게 됩니다. 이렇게 몰아서 자면 수면 리듬이 깨져, 밤에 늦게 자고, 늦게 자서 늦게 일어나면 또다시 늦게 자는 악순환에 빠지기 쉽습니다. 그러므로

의학적으로 정해진 나이별 평균 적정 수면 시간

신생아/영아	0~2개월	16~18시간
	2~12개월	14~15시간
유아/아동	12~18개월	13~15시간
	18개월~3세	12~14시간
	3~5세	11~13시간
	5~12세	10~11시간
청소년	평균	9.25시간

평소에 적절한 수면 시간을 유지하는 것이 중요합니다.

그렇다면 우리 아이에게 맞는 적정 수면 시간은 어떻게 알 수 있을까요? 방법은 생각보다 아주 단순합니다. 아이가 혼자 스스로 일어나서 개운해 하며, 하루 종일 피곤해 하지 않고 기분 좋게 하루를 보낸다면 그게 바로 우리 아이의 적정 수면 시간이니까요. 소아에게는 성장 호르몬이 나오는 깊은 잠인 3단계 수면, 바로 서파 수면이 중요합니다. 따라서 아이들은 자는 시간을 충분히 확보하기 위해 일찍 잠자리에 드는 것이 좋습니다. 특히 소아기는 뇌가 급성장하는 시기이므로 10시간 이상의 수면 양이 확보되어야 합니다.

그럼 이제 우리가 '소아기'라고 말하는 연령대별 평균 수면 시간과 그에 따른 생활 패턴은 어떻게 이루어지는지 한번 살펴봅시다. 우리 아이의 적정 수면 시간이 어떻게 되는지는 의외로 쉽게 파악할 수 있지만, 아이가 현재 제대로 된 수면 습관을 들이고 있는지에 관해선 궁금하신 분들이 많을 텐데요. 그런 분들은 다음에 소개하는 아이의 연령에 따른 평균 수면 시간과 생활 패턴을 보시고 우리 아이의 나이 대와 맞는 시간과 패턴을 재확인하시면서 과거에는 어떤 문제가 있었는지, 이후에는 어떤 패턴을 갖는 것이 좋을지를 대략적으로 파악해 보세요. 수면 습관은 그 흐름이 가장 중요한 만큼 분명 우리 아이의 수면 습관이 올바르게 가고 있는지를 확인하는 데 도움이 될 겁니다.

신생아 및 영아 (출생 시~12개월)

갓난아기들은 거의 하루 종일 잠을 잡니다. 보통 낮밤 구분 없이 하루 평균 16~20시간가량을 자는데요. 배가 고프면 깨서 울고 배가 부르면 다시 자므로, 눈을 뜬 시간이 낮이고 자는 시간이 밤이지요. 이때부터 아기의 수면 습관이 형성됩니다. 그러므로 아기에게 낮과 밤을 인식시키고 그 환경에 적응하게 하는 게 중요합니다. 낮에 아기가 잔다고 해서 무조건 조용한 분위기를 만들어 주기보단 적당한 소음이 있는 상태에서 잠들게 하고, 저녁에는 집안의 조도를 낮추고, 밤에는 캄캄하게 하는 것이 좋습니다. 이렇게 해야 아기가 나중에 낮과 밤을 쉽게 구분하고, 밤에 깊은 수면을 취할 수 있지요.

2개월 이후의 영아들은 하루에 2번 정도의 낮잠을 포함해서 14~15시간 동안 잠을 잡니다. 생후 8~12주 정도일 때부터 낮잠을 가능한 한 짧게 자도록 유도하고, 생후 9개월 이후엔 가급적 낮과 밤을 구분해서 잠을 재워야 합니다. 아기가 졸려 하며 울고 보챈다고 안아 주고 얼러 재워서는 안 됩니다. 바로 침대에 눕혀 스스로 잠들게 해야 합니다. 계속 안아 주고 업어서 재우다 보면 그렇게 해야만 잠드는 습관이 들어 밤에 깨면 누군가가 계속 안아 주고 토닥거려 주어야만 합니다. 젖병을 물려 잠을 재우는 방법도 역시 옳은 방법이 아닙니다.

🌙 첫돌 이후 걸음마를 시작한 유아 (13개월~2세)

이 시기의 아기들은 보통 12~14시간가량을 자는데, 생후 18개월 이후가 되면 하루 두 번 자던 낮잠을 한 번으로 줄이도록 유도해 줘야 합니다. 이때 수면 습관이 본격적으로 형성되는 시기이므로 잠자리에 들기 전에 항상 규칙적인 일상을 만들어 줘야 평생 건강한 수면 습관을 유지하게 되지요. 예를 들어, 아이가 잠드는 시간을 매일 9시로 정하고, 잠자기 2시간 전에 우유나 유제품 등의 가벼운 간식을 줍니다. 그리고 잠자기 30분 전에는 항상 양치를 시키고, 잠자리에 들 때는 늘 양육자가 옆에서 책을 읽어 주는 등의 생활 패턴을 정해 두면 좋습니다. 이 같은 일상이 규칙적으로 반복되면 아이는 자연스럽게 잠자는 시간을 인식하게 되죠.

어린이집이나 유치원에 가는 유아 (만 3세~6세)

일반적으로 만 3세에서 6세 정도가 되면 아이는 어린이집이나 유치원에 다니기 시작합니다. 성장 호르몬이 왕성하게 분비되는 시기로 이 연령대 아이들에겐 평균 11~13시간의 수면을 권장합니다. 이 무렵의 아이들은 낮에 집에 있는 시간보다 어린이집이나 유치원에 머무는 시간이 길기 때문에 낮잠 자는 시간 또한 중요한데요. 오후 2시 이전에 1시간 이내는 상관없지만 오후 2시 이후에 과도한 양의 낮잠은 오히려 아이의 야간 수면을 방해할 수 있습니다. 따라서 이런 경우에는 보육 기관 선생님과 상의해서 아이의 낮잠 시간을 조정해야 합니다.

☀️🌙 초등학교를 다니는 아동 (만 7세~12세)

보통 만 12세인 초등학교 5, 6학년까지 권장 수면 시간은 대략 10시간에서 11시간 정도입니다. 13시간 정도를 자는 유아기에 비해 약 3시간 정도가 줄었지요. 이때 보호자가 주의해야 할 점은 **야간 학원 수업 등으로 아이의 수면 시간이 줄어들면, 성장 호르몬이 분비되는 마지막 골든타임에 호르몬이 억제되어 아이의 성장에 문제가 발생할 수 있다는 점입니다.** 또한 이때 잠이 부족하게 되면 아이가 중학교에 진학했을 때 수업 시간에 졸게 되면서 학업에 지장을 초래할 수도 있습니다. 초등학교까지는 잠이 부족하면 아이는 수업 시간에 졸기보다 학업에 집중하는 걸 힘들어하지만, 이후 중고등학생이 되면 아이는 수업 시간에 졸게 됩니다.

여기서 잠깐!

청소년기의 수면도 조금 알고 갈까요?

아이는 성장하면서 수면의 양이 점차 줄어드는데요. 10세가 넘어가면서는 어른의 수면 패턴을 닮게 됩니다. 그러다 청소년기에 접어들면 학업 문제로 스트레스를 받게 되고 밤늦게까지 공부하는 일이 잦아져 수면 부족이 심해지게 되는 거죠. 본래 사춘기를 겪게 되면 이전보다 수면 시간이 늘어나서 10시간 이상을 자야 하는데, 우리나라 청소년들 대다수는 과도한 학업으로 인해 하루 평균 6~4시간밖에 못 잔다고 합니다. 기억력과 창의력이 가장 활성화되어야 할 시기에 수면 부족 때문에 힘없이 학교와 집만 오가는 청소년들의 모습을 한번 상상해 보세요. 머리가 맑아지는 수면 시간이 바로 적정 수면 시간이라는 점을 인지하고 그만큼의 잠을 자야 합니다. 그러고는 깨어 있는 시간 동안 집중하는 게 건강과 학업에 일석이조로 도움이 된다는 점을 꼭 명심해야 합니다. 의외로 공부를 잘하는 학생들이 적정 수면 시간을 지켜 충분한 잠을 자는 경우가 많다는 점도 꼭 기억해 두시기 바랍니다!

🌙 나이에 따른 뇌파 변화와 수면

태어나서 점차 나이가 들어가는 뇌의 전기적 활동 상태를 뇌파 기록을 통해 관찰해 보면 나이에 따른 수면의 변화 양상을 볼 수 있습니다. 갓난아기 때에는 느린 파형이 월등하게 많이 기록되다가 점차 나이가 많아지면서 느린 파형이 줄어들고 일상생활에서 집중 시 나오는 주파수 8~12hz인 알파 범위의 파형이 주로 나타나게 됩니다. 적어도 8세는 되어야 일반적인 의미에서 정상인의 뇌파 형태를 갖추게 되는 거죠. 그리고 나이가 들어감에 따라 느린 파형의 양과 평균 수면 시간의 양은 같이 줄어들게 됩니다.

다음 주제에서는 부모님들이 가장 힘들어하는 영아의 수면 교육을 비롯해 성장기 아동까지의 수면 교육법을 살펴보도록 하겠습니다.

수면 교육은 언제부터 시작해야 할까요?

주로 영아嬰兒라 하면 태어난 지 만 1세 이하의 아이들을 일컫습니다. 이 시기에는 수면 중 원인 모르게 급사하는 영아 돌연사가 가장 많이 발생합니다. 아직 정확한 원인은 모르지만 미국 소아 수면학회에서 실시한 조사에 따르면 아이를 똑바로 재우는 캠페인을 시행한 이후 이 돌연사가 40% 정도 감소되었다고 하는데요. 이 조사 결과를 토대로 보면, 아마도 돌연사의 상당 부분은 아기가 자는 도중 고개를 가누지 못하거나 몸을 마음대로 움직이지 못해서 발생한 사고가 아닐까 추측해 봅니다.

갓 태어난 아기가 할 수 있는 일은 하루 대부분의 시간을 자다가 깨서 배가 고프면 젖을 먹는 일입니다. 이 시기는 잘 자고 잘 먹는 것이 하루 리듬을 잘 유지하는 일인 거죠. 아이가 엄마 뱃속에서 나와 처음 눈을 뜨면 빛이 망막을 통해 뇌의 후두부에 전달되면서 빛이라는 개념을 처음 가지게 됩니다. 그리고 밤이 되면 어둠이 시신경을 통해 전달되면서 밤이라는 개념을 뇌가 인지하게 되는 거죠.

생후 6개월이 된 아기 중에는 잠잘 시간이 훌쩍 지났는데도 도무지 잘 생각을 하지 않는 아기들이 상당수 있습니다. 이런 아기는 계속 안고 흔들어 주면 부모 품에 안겨서 잠든 것처럼 보이지만, 부모가 아기를 조심스럽게 내려놓으려고 하는 순간, '으앙' 하는 울음소리와 함께 다시 눈을 뜨지요. 이처럼 아기를 키우고 있는 부모라면 우는 아기 때문에 뜬 눈으로 밤을 지새우며 잠 한 번 제대로 잘 수 있기를 소원하는 일이 한두 번이 아닐 겁니다.

대개 우리나라에서는 영아 수면 문제를 크면서 자연스럽게 사라지는 문제로 여기고 가볍게 넘기는데 이는 잘못된 인식입니다. 미국의 세계적인 유아 수면전문가 조디민델 박사 연구에 의하면 생후 3개월에서 24개월까지의 한국 아기들 중 83%가 밤잠을 설친다고 합니다. 경제협력개발기구^{OECD} 회원 34개국의 평균이 50%인 것에 비해 우리나라의 상황은 훨씬 심각하다고 볼 수 있죠. 아기의 뇌는 회로가 덜 발달되어 있어 금방 지치기 때문에 수면이 매우 중요합니다. 잠을 푹 자야지 두뇌 발달이 잘 이루어질 수 있습니다.

수면 장애가 있는 아이는 낮 동안 배운 지식을 기억의 저장 영역으로 옮기는 데 어려움을 겪는 경우가 많습니다. 그래서 상대적으로 낮은 학습 능력을 보이기도 하고요.

🌙 취학 전후 아동을 위한 수면 교육법

취학 전후 시기 아동 가운데 4분의 1 정도가 수면 문제를 겪고 있습니다. 자려고조차 하지 않는 아이, 자주 깨는 아이, 깬 이후 다시 자지 못하는 아이 등 다양한 유형의 아이들이 있습니다. 이런 아이들은 주로 영유아기에 좋은 수면 습관을 익히지 못해서 그런 건데요. 하지만 이 시기에도 적절한 교육을 통해 얼마든지 좋은 수면 습관을 만들어 줄 수 있습니다. 앞에서도 언급했듯이 수면은 일주기 리듬과 관련 깊습니다. 대부분의 사람은 8~12시 이후 수면을 취하려는 경향이 있습니다. 인간의 생체 시계는 생리적, 환경적 영향을 받으면서 고정되는데 일정한 수면 시간, 규칙적인 취침과 기상, 적절한 양의 운동과 빛에 노출이 필요하지요. 취학 전후 시기의 아동에게 제안되는 일반적인 수면 교육 지침은 다음과 같습니다.

똑똑한 수면 습관을 만드는 8가지 수칙

1. 이른 오후에 낮잠을 재우고, 낮잠 시간은 1시간 이내로 제한합니다.

밤에 제대로 잠을 못 잔 아이는 낮에 과하게 낮잠을 자려고 합니다. 아이가 일찍 일어나서 잠이 부족한 것은 결코 문제가 되지 않습니다. 될 수 있으면 3시 이전에 낮잠을 재우고, 그 시간 이후에는 아이와 함께 산책하는 등 다양한 활동을 하며 아이가 낮에 잠들지 않도록 합니다. 그리고 만 3~6세 사이에 접어든 아이들은 낮잠이 필요하지 않으므로 가급적 낮잠을 재우지 않는 게 좋습니다. 다시 말해, 일단 영아기 이후에는 긴 시간의 낮잠, 특히 이른 저녁의 낮잠은 피해야 합니다.

2. 낮에 많이 뛰어놀게 합니다.

컴퓨터, 핸드폰에 익숙한 아이들은 주로 정적인 생활을 하게 되는데요. 이런 생활은 아이의 수면 리듬을 망가트리는 주범입니다. TV 노출 시간을 제한하고 낮 동안에 신체 활동을 늘려 줍니다.

3. 카페인이 함유된 음식 섭취를 제한합니다.

카페인은 이미 많이 노출된 성인들보다 아이들에게 훨씬 더 큰 각성 효과를 보입니다. 점심시간 이후에 콜라, 사탕, 아이스크림, 초콜릿 등의 카페인이 들어 있는 간식 섭취는 피해야 합니다.

4. 잠자기 전에 심리적 긴장과 육체적 긴장을 풀고 안정된 시간을 갖도록 합니다.

저녁시간에는 소음과 시끄러운 음악, 격렬한 신체 활동 등을 제한하고, 차분한 놀이나 책 읽기 등 긴장을 완화시키는 활동을 할 수 있는 환경을 조성해 줍니다.

5. 규칙적이고 예측 가능한 취침 루틴을 만들어 줍니다.

잠자기 전 20~30분 정도 양치질, 책 읽기, 애착 인형 준비, 조명 조절 등을 하고 잠자리에서 포옹 및 뽀뽀 등을 해 주는 것이 대표적인 루틴의 예입니다. 이렇게 훈련

되면 아이는 이 루틴과 잠을 연결시키게 됩니다. 이 루틴이 학습되면 아이의 스스로 자는 힘이 커지게 됩니다.

6. 아이가 졸린 시간대에 맞춰 취침 시각을 정합니다.

부모가 "너 지금 자지 않으면 내일 엉망이 될 거야." 하고 협박하면 아이는 잠자는 데 불안과 압박을 느끼다 수면 장애에 빠지게 됩니다. 아이가 자려고 하지 않을 땐 오늘은 늦게 잠이 오는 날이니 잠이 올 때까지 좀 기다리자는 마음으로 아이를 안심시켜 주는 게 더 중요합니다.

7. 아이의 취침 시각이 늦어진다면 기상 시각을 교정하여 잠자는 시간을 바로잡아 줍니다.

숙면에 도움을 주는 호르몬인 멜라토닌은 보통 기상 후 처음 해를 본 다음 15시간 이후에 분비됩니다. 즉, 기상 시각으로부터 15시간이 지나야 생리적으로 잠에 들 수 있는 조건이 갖춰진다는 이야기죠. 따라서 일찍 일어날수록 아이의 취침 시각은 빨라지게 됩니다. 그렇다고 아이를 한 번에 너무 일찍 깨우기보다 일단 하루 30분씩 일찍 일어나는 습관을 들여 수면 시간을 앞당겨 줍니다. 앞에서도 여러 번 언급했듯이, 첫날은 원래대로 일어나게 하고, 이튿날은 첫날보다 30분, 다음 날은 1시간, 그다음 날은 1시간 30분씩 일찍 깨우면서 점차적으로 일찍 일어나는 습관을 들이게 합니다. 그리고 낮엔 의도적으로 햇볕을 쬐게 하여 저녁에 더 빨리 멜라토닌이 분비되게 합니다. 그러면 그만큼 취침 시간도 당겨지고 결국엔 아이도 숙면을 취할 수 있게 됩니다.

8. 아이가 무서워한다고 해서 부모의 침실에서 같이 자는 걸 허용하면 안 됩니다.

이걸 허용하면 아이는 혼자 자는 방법을 터득할 수 없습니다. 아이를 혼자 자게 하는 방법은 아이의 연령대에 따라 조금 다른데요. 일반적인 전략은 다음과 같습니다.

첫째, 아이 침실에 작은 수면 등을 켜거나 방문을 조금 열어 둡니다. 그러다 조금씩 등의 밝기를 어둡게 하면서 문을 조금씩 닫습니다.

둘째, 취침 시간이 가까워질수록 아이가 즐거운 상상을 하게끔 합니다. 놀이공원이나 본인이 제일 좋아하는 장난감을 갖고 노는 상상을 하게 하여 긴장을 풀어 주고 불안한 생각에서 벗어나게 합니다.

셋째, TV나 영화 속의 무서운 장면 노출을 철저히 제한합니다.

수면 리듬은
어떻게 바로잡아야 할까요?

 아이의 수면 리듬은 수면 시간을 확보하기 전에 잡아 주는 게 중요합니다. 일찍 자는 수면 리듬을 가져야 질 좋은 수면의 양을 확보할 수 있기 때문이지요. 만일 아이가 5세 이하라면 10시간 이상의 수면이 필요합니다. 그리고 그다음 날 오전 9시까지 어린이집에 등원해야 한다면 아이는 그 전날 적어도 오후 10시에는 잠이 들어야 합니다. 그래야 아이는 다음 날 10시간 이상의 수면양을 확보하고, 오전 등원 시간에도 지각하지 않게 됩니다. 그런데 아이가 밤 12시가 넘어 자는 지연성 수면의 리듬을 가지고 있다면, 다음과 같이 천천히 계획을 세워서 수면의 리듬을 바로잡아 주어야 합니다. 무조건 밤에 불 끄고 들어가 자라는 식으로 아이에게 강요하면 오히려 반항심이 생겨 아이의 수면 리듬이 더 악화될 수 있습니다.

건강한 수면 리듬을 만드는 6가지 방법

1. 아이가 잠들기 5시간 전에는 체온이 오를 수 있는 모든 운동과 활동을 제한합니다.

저녁 식사 후 아이와 함께 힘든 야외 활동을 하면 아이가 피곤해서 빨리 잠이 들 것 같지만, 과도한 야간 활동은 오히려 아이의 체온을 오르게 해 잠드는 걸 방해합니다.

2. 잠들기 3시간 전부터 침실 조명을 뇌가 밤으로 인지할 수 있는 색으로 바꾸어 줍니다.

형광등과 핸드폰을 포함한 디지털 기기 사용을 억제시키고, 미색으로 달빛을 연상시키는 간접 조명을 켜 주세요. 그래야 아이의 뇌에서 수면 호르몬인 멜라토닌이 분비됩니다.

3. 잠자기 2시간 전에 따뜻한 물로 족욕이나 반신욕을 시켜 줍니다.

목욕 시간은 15분 이내가 좋습니다. 족욕이나 반신욕 후에는 따뜻한 우유를 마시게 합니다. 그러고 나서 자극적인 활동은 피하고 편안한 시간을 보내게 해 줍니다. 아이를 억지로 재우기보다는 자연스럽게 졸음이 쏟아질 때쯤 아이를 잠자리에 눕히세요. 시계를 보며 아이에게 잠을 강요하거나 동일한 시간에 아이를 재우려고 하는 행동은 절대 금물입니다. 자연스럽게 졸음이 쏟아질 때 자야 깊게 잘 수 있습니다.

4. 졸린 아이를 잠자리에 눕혔다가도 10~15분 내에 잠들지 않으면 미련 없이 일어나게 하고 밖(거실과 같은 침실 외의 공간)으로 나오게 합니다.

침실 밖에서 편안한 시간을 갖다가 다시 또 아이가 졸려 하면 그때 아이를 잠자리에 눕힙니다. 이 같은 방법을 필요한 만큼, 아이가 자연스럽게 잠이 들 때까지 반복해야 합니다. 그리고 아침에는 몇 시간을 잤든 언제 잤든 상관없이 정해진 시간에 아이를 일어나게 합니다.

5. 아무리 늦어도 기상 후에는 적어도 30분 이상 아이가 햇빛을 충분히 쐬게 합니다.

이때 과격한 운동보다는 가벼운 산책을 시키는 게 좋습니다. 해를 직접 바라볼 필요는 없지만, 몸에 빛이 적절히 닿을 수 있도록 햇빛을 가리는 액세서리나 모자는 착용하지 않도록 합니다.

6. 이와 같은 방법을 꾸준히 반복하여 아이의 몸 안에 좋은 수면 리듬을 형성하게 합니다.

수면 리듬을 교정하기 위해서는 한두 번 해 보고 효과가 없다고 속단하지 말고, 지속적으로 노력하는 자세가 반드시 필요합니다. 보통 어떠한 변화가 체화되기까지는 적어도 4주간의 반복적인 노력이 요구되므로, 아이의 수면 리듬 교정을 위해서는 속전속결로 처리하려는 자세는 지양해야 합니다.

앞에 제시한 방법은 아이의 수면 양과 리듬을 정상으로 돌릴 수 있는 일반적인 방법입니다. 하지만 수면 장애가 있는 소아는 수면의 질을 떨어뜨리는 질환 때문에 앞의 방법을 아무리 시행해도 리듬이 교정되지 않습니다. 이때는 수면 클리닉을 방문하여 수면 장애 여부를 상담해 보아야 합니다.

쾌적한 수면을 부르는
수면 환경 만들기

　수면 환경 역시 아이의 수면에 중요한 요소입니다. 숙면은 생각보다 크게 외부 환경의 영향을 받는데요. 쾌적한 수면을 위해선 수면 환경, 즉 침실 환경을 관리해 주어야 합니다. 너무 덥거나 추워도 잠을 잘 수가 없으므로 침실의 온도나 습도를 잘 조절해 주어야 하지요. 실제로 아이들의 수면 장애를 치료할 때도 아이 침실의 조명과 소음 수준, 온도 및 습도를 최적화해 주기를 당부하는데요. 그러면 그 치료 효과가 더 빨리 나타나곤 했습니다. 수면 환경은 일상생활 공간과도 관련이 있기 때문에 잠들어 있는 시간뿐만 아니라 깨어 있는 시간에도 기분과 컨디션에 영향을 미칩니다.

다음은 그동안의 숙면 노하우를 집약시킨 '알아 두면 좋은 수면 환경 조성법'입니다. 우리 아이의 쾌적한 수면을 위해 각자 상황에 맞게 다음 방법을 침실 환경에 적용해 보세요.

아이의 '꿀잠'을 위한 수면 환경 조성법

1. 낮엔 집안을 밝게 유지합니다.

사람은 낮 시간 동안 충분히 햇빛을 봐야만 인체에 멜라토닌 흡수가 잘됩니다. 수면은 물론 아이의 성장을 위해서는 적당한 햇빛을 쐬는 것이 중요합니다. 낮엔 집안에 최대한 햇빛이 잘 들게 하고 여의치 않다면 주간 외출 시간을 늘려 줍니다.

2. 가습기를 틀어 방 안을 촉촉하게 합니다.

아이가 생활하는 방에는 가습기를 틀거나 빨래를 널어 두어서 실내 습도를 맞춰 주세요. 특히 잠자리가 건조하지 않도록 양육자가 수시로 아이 방의 습도를 체크해 주어야 합니다. 이때 방안의 습도는 50% 정도가 가장 적당합니다. 우리나라는 여름에는 오히려 너무 습해 제습기가 필요할 수도 있고, 겨울에는 너무 건조하여 가습기가 필요하기도 한 환경입니다. 온도는 여름에는 26도 내외, 겨울에는 21도 내외 정도를 유지시켜 줍니다.

3. 아이에게 적절한 침구를 사용합니다.

이불은 가볍고 보온성이 좋은 순면 재질이 좋습니다. 베개 높이는 아이 목에 C자 커브 깊이만큼 높이가 좋은데요. 하지만 아이들은 주로 굴러다니며 자느로 목이 구부러질 정도로 높은 베개만 아니면 됩니다.

4. 밤엔 집안의 조도를 낮게 유지하고 조용한 환경을 조성해 줍니다.

수면 리듬에서도 언급되었지만 조도는 수면 환경에서도 매우 중요한 요소입니다. 멜라토닌은 어둡고 편안한 환경에서 가장 활발하게 분비됩니다. 저녁 8시가 지나면 형광등은 끄고 백열등을 사용한 스탠드를 켜서 조명을 대신하도록 합니다. 미색 스탠드를 간접 조명으로 켜면 아이의 망막에 노란색 달빛이 맺히게 되면서 아이는 어둠이라는 감각을 학습하게 되고, 아이의 뇌에는 밤이라는 자신만의 기준이 생깁니다.

이러한 뇌의 밤 기준 설정에 영향을 미치는 또 다른 중요한 요소는 바로 저체온입니다. 그 기준은 과거 인간이 수만 년 동안 춥고 어두운 밤을 겪었기 때문에 굳어졌는데요. 어두운 환경에서 체온을 낮추면 몸은 저절로 밤이라는 기준에 맞춰 멜라토닌을 분비합니다. TV나 컴퓨터 등을 끄고 실내를 조용하게 만들어 주는 것도 중요합니다. 어둡게 분위기를 연출해서 아이가 숙면할 수 있는 환경을 조성해 주세요. 애완견 및 기타 소음 등 어수

선한 분위기로 방해를 받아서도 안 됩니다. 수면은 각성과도 연결되기 때문에 아이 침실은 조용하고 어두워야 합니다. 침실은 오직 잠자는 곳이어야 하므로 침실에 시계는 잘 보이지 않는 곳에 두는 게 좋습니다. 자다 일어나서 시계를 보면 각성이 심해질 수도 있기 때문입니다.

5. 아이에게 규칙적인 잠자리 수면 의식을 행해 줍니다.

잠들기 2시간 전에 아이가 15분 이내로 더운물 목욕을 했다면, 아이를 잠옷으로 갈아입힌 후 근육 마사지를 해 줍니다. 로션이나 오일을 활용해도 좋습니다. 마사지는 근육 이완 효과를 불러올 뿐만 아니라 교감신경을 자극하여 안정적인 뇌파를 유도할 수도 있습니다. 그 이후 차분한 자장가를 불러주거나, 책을 읽어 주거나, 짧은 이야기를 들려주어 수면을 유도하는 서파徐波의 세타파와 델타파를 동기화시킵니다. 느린 박자의 음악이나 차분하고 느린 목소리는 뇌파의 서파, 즉 느린 파(세타와 델타파)를 유도합니다.

이런 의식을 매일 밤마다 반복적으로 시행하면 아이는 이 의식이 잠을 유도하는 행위라고 인지하고 학습하게 되지요. 추후 이 행동만 해도 아이는 졸려 하며 스스로 자게 됩니다. 이때 잘못된 수면 의식을 행하면 그 행동을 계속해 주어야 잘 수 있으므로 신중해야 합니다. **대표적으로 잘못된 의식 중 하나는 아이에게 수면 안대를 씌우거나, TV 또는 라디오를 틀어 놓고 재우는 방법입니다.** 이 방법을 통해 습관이 굳어지면 극단적으로 아이는 무슨 일이 있어도 수면 안대를 써야 잘 수 있게 됩니다.

여기서 잠깐!

더운물 목욕을 통한 체온 조절법

더운물 목욕은 앞서 이야기한 근육 이완 효과 외에도 여러 효과가 있는데요. 아이와 양육자 사이에 자연스러운 스킨십을 유도해 아이에게 안정감을 주면서 아이의 저체온을 빨리 만드는 가장 쉬운 방법이기도 합니다. 목욕 중 발생하는 땀이 저체온을 발생시키는데, 더운물 목욕을 하게 되면 몸속 체온이 올라가며 피부 속 혈관이 확장됩니다. 거기서 발생한 열이 땀을 통해 배출되어 2시간 뒤 체온이 떨어지게 되는 원리죠. 이때 물의 온도는 아이의 체온보다 2도 정도 높게 하고(땀이 살짝 날 정도), 목욕 시간은 10~15분 내로 짧게 시행합니다. 목욕을 너무 오랫동안 하게 되면 피부 건조 및 탈수가 발생할 수 있습니다. 목욕 후 2시간 이내에는 오히려 체온이 올라가 있어 잠들기 힘들 수 있습니다. 따라서 잠자기 2시간 전에는 목욕을 마치는 것이 좋습니다.

수면 음식, 잘 먹는 아이가 잠도 잘 잔다

먹는 것과 자는 것이 무슨 상관이냐고 말하는 사람이 있겠지만, 먹고 자는 일은 하루 24시간 생물학적 주기 circadian 리듬 유지에 가장 중요한 행위입니다. 너무 적게 먹으면 뇌는 금세 배고프다는 신호를 내보내고 잠을 깨우는 각성파를 발생시킵니다. 이런 각성파가 너무 자주 발생되면 수면 리듬에 교란이 생기게 되는 거죠. 하지만 무조건 많이 먹는 게 능사는 아닙니다. 어떤 음식을 어떻게 잘 먹는지가 중요합니다. 그래서 끝으로 수면에 도움이 되는 음식과 해가 되는 음식을 짚어 드리며 소아 수면에 대한 조언을 끝맺을까 합니다.

히포크라테스는 음식으로 고치지 못하는 병은 약으로도 고치지 못한다고 했습니다. 세월이 흐르면서 예전에는 없던 새로운 병들이 많이 생긴 것을 보면, 음식으로 병을 고칠 수 있다는 말은 병을 예방할 수 있다는 뜻으로 해석하는 게 더 설득력이 있어 보입니다. 마찬가지로 수면에 좋은 음식을 잘 먹고, 나쁜 음식을 피하면 소아 불면증을 미연에 방지할 수 있을 것입니다.

수면에 도움이 되는 음식

신선한 과일과 채소

과일, 푸성귀 등 신선한 채소를 가능한 한 많이 먹는 게 좋습니다. 단백질이 밤 동안의 허기를 막아 주는 반면, 신선한 과일과 채소는 소화가 잘 되게 하여 수면에 도움을 줍니다.

섬유질과 곡식류

끼니때마다 한 조각의 섬유질 빵을 먹으면 수면에 도움이 됩니다. 채소 및 과일 샐러드와 함께 먹는 곡식류에 있는 복합 탄수화물은 소아심장질환이나 소아당뇨병에 걸릴 위험을 절반 이상으로 줄여 주고 가벼운 수면을 유도해 줍니다. 또한, 수면을 촉진시키는 뇌의 신경 전달 물질인 세로토닌 양을 증가시키기도 합니다. **곡식류와 섬유질은 혈중 콜레스테롤 농도 감소에도 탁월한 효과를 발휘합니다.**

아이를 더 쉽게 잠들게 하고 싶다면 잠자리에 들기 1~2시간 전에는 탄수화물 함량이 높은 간식을 주고, 단백질 함량이 높은 식품 섭취는 피하게 해야 합니다.

무기질 제제

칼슘, 마그네슘, 철, 트립토판과 같은 비타민 무기질 제제는 질병을 예방해 주고, 기분을 좋게 해 주며 적당한 수면을 취할 수 있게 해 줍니다. 특히 **칼슘은 수면 호르몬인 멜라토닌을 만드는 데 많은 도움을 주는 아미노**

산인 트립토판을 분비시킵니다. 그만큼 신경계에 꼭 필요한 영양소라는 뜻입니다. 그래서 무기질이 조금만 부족해도 우리 몸은 불면증을 일으키기 쉬운 상태가 됩니다. 칼슘은 모든 종류의 낙농품, 뼈째 먹는 식품, 일부 녹황색 채소에 들어 있으므로 평상시 꾸준히 섭취해 두면 좋습니다.

철, 구리 마그네슘 또한 수면 중 다리 움직임을 편안하게 도와주고 개운한 수면에 도움을 줍니다. 철이 많이 들어 있는 음식에는 푸성귀, 간, 달걀, 간, 선지, 고기, 생선, 아보카도, 아몬드 등이 있고, 마그네슘이 풍부한 음식에는 고기, 생선, 해산물 등이 있습니다.

단백질과 필수 아미노산

필수 아미노산인 트립토판이 들어 있는 음식을 먹거나 트립토판 보충제를 복용하면 밤에 좋은 잠을 자게 되어 낮 동안에 쏟아지는 졸음을 어느 정도는 막을 수 있습니다. 트립토판 대사 중 발생하는 기능에는 숙면을 유도하는 신경 전달 물질인 세로토닌의 촉진을 돕는 성분이 들어 있기 때문입니다. 다량의 트립토판을 함유한 음식으로는 따뜻한 우유, 칠면조 고기, 참치, 치즈 등이 대표적입니다.

수면에 해가 되는 음식

다음의 6가지 식품군은 수면을 방해할 뿐만 아니라 다른 질병이나 기타 질환에도 해로운 음식입니다. 그동안 아이의 몸에 밴 식습관을 한순간에 바꾸기는 다소 어려울지라도 조금씩 줄여 나가는 노력이 반드시 필요하다는 점을 명심해야 합니다.

당분이 많이 포함된 음식

잠자기 바로 전에 당분이 많이 포함된 간식을 먹는 건 숙면을 방해합니다. 설탕이 많이 든 음식은 처음엔 에너지를 많이 내는 것 같지만 곧이어 혈당의 불균형을 초래해서 갑작스럽게 몸의 에너지를 붕괴시키기도 하지요.

지나친 당분은 인슐린 분비를 촉진시키고, 평소보다 많이 분비된 인슐린은 정신을 혼미하게 하거나 피곤함을 느끼게 합니다. 당분이 많은 음식은 수면 리듬에 혼란을 일으키므로 될 수 있으면 잠자리에 들기 전에는 삼가도록 합니다.

전분

옥수수, 스파게티, 쌀, 감자, 밀가루 등의 모든 전분은 소화가 될 때 당분으로 바뀌며 그다음에 포도당으로 변합니다. 그래서 너무 많은 전분을 먹으면 당분을 섭취한 것과 같은 상태가 됩니다.

빵

흰 빵은 항상 피하세요. 백설탕과 밀가루로 만들었기 때문에 영양학적인 가치도 없을뿐더러 설탕이 수면을 방해하는 것과 같은 역할을 합니다. 곡식류가 많이 함유된 빵을 먹는 것은 괜찮습니다. 그 빵이 영양 면에서도 훨씬 더 좋습니다.

카페인

커피뿐만 아니라 일상 속 아이들 간식에도 카페인이 적지 않게 포함되어 있습니다. 아이들이 접할 수 있는 카페인이 포함된 식품에는 대표적으로 콜라(탄산음료), 초콜릿(다크초콜릿), 녹차 맛 아이스크림, 에너지 드링크 등이 있는데요. 이런 식품들은 숙면을 방해할 뿐만 아니라 아이들의 성장에도 도움이 되지 않습니다. 일반적으로 카페인은 우리 몸 안에 12~24시간이나 남아 있을 정도로 강력한 흥분제입니다. 우리 아이가 수면 장애를 앓고 있다면, 적어도 아이가 잠들기 10시간 전에는 초콜릿이나 콜라 등 카페인 함유된 식품의 섭취는 피해야 합니다.

아이와 함께 하는 수면 습관 만들기 '2주 플랜' ①

  수면 습관 만들기 '2주 플랜'은 총 3단계로 나뉘어 있습니다. 우선 어렵지 않은 〈수면 규칙〉과, 목표하는 〈기상 시각〉을 정합니다. 그리고 마지막으로 〈○, × 체크리스트〉를 통해 하루 수면 습관을 점검합니다. 습관이 체화되기까지는 통상 4주 정도의 노력이 필요합니다. 즉, 2주는 여기서 제시하는 3단계를 통해 수면 리듬을 바로잡고, 나머지 2주는 이 리듬을 평생 가는 수면 습관으로 만들기 위한 시간입니다. 이 기간 동안 아이가 스스로 행동할 수 있도록 반복적인 훈련을 통해 건강한 수면 습관을 꼭 익혀 주길 바랍니다.

수면 규칙

하루 수면 규칙은 '잠들기 2시간 전 목욕하기', '양치하기', 'TV 시청하지 않기' 등 꼭 지켜야 하는 잠자리 의식을 시계 옆에 적어 둡니다.

1. 잠들기 2시간 전에 목욕하기
2. 양치하기

기상 시각

앞에서도 언급했지만 취침 시각은 강제로 설정하면 안 됩니다. 그러면 그 시간에 자야 한다는 강박 때문에 각성이 생겨 오히려 불면이 야기될 수 있습니다. 정해진 수면 규칙과 기상 시각만 잘 지켜도 좋은 잠은 제때 저절로 오게 되어 있습니다.

아래 시계 그림에 시침과 분침을 그려 넣고, 2주 동안 기상 시각을 꼭 지켜보세요!

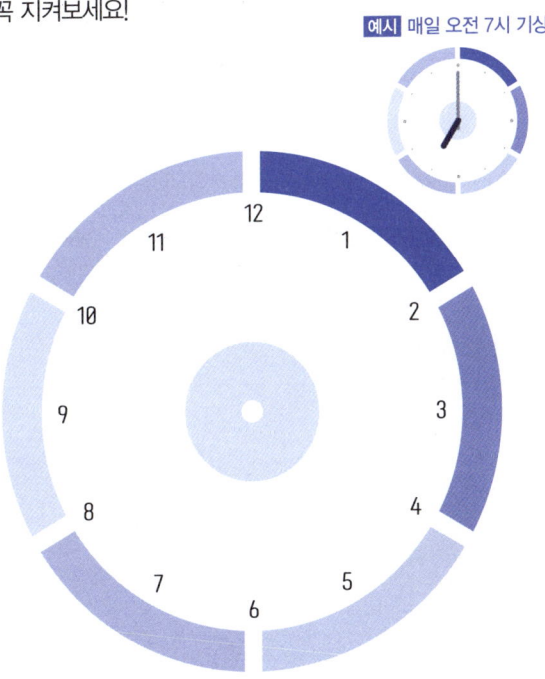

예시: 매일 오전 7시 기상

○, × 체크리스트

계획한 수면 규칙과 기상 시각을 모두 지켰다면 아래 표의 해당 칸에 ○ 표시를, 둘 중 하나만 지킨 날은 해당 칸에 △ 표시를, 둘 다 지키지 못한 날은 해당 칸에 × 표시를 합니다.

1일	2일	3일	4일	5일	6일	7일

8일	9일	10일	11일	12일	13일	14일

특별한 관심이 필요한 영아 수면 돌아보기 ②

올바른 영아 수면 교육이란?

앞서 이야기해 드린 것처럼 수면 습관은 태어나자마자 12세까지 잡는 것이기 때문에 그 흐름이 무척 중요합니다. 그렇기에 영유아기 건강한 수면 습관을 확인하는 건 그만큼 중요합니다. 우리 아이가 취학 전후의 나이라면 이 부분을 보면서 과거에 우리 아이의 수면 습관은 어땠는지, 이후 어떻게 이끌어야 좋을지를 한번 생각해 보세요. 12세 전의 수면 습관은 모두 바꿀 수 있으니까요. 분명 우리 아이의 수면 습관을 튼튼하게 잡아가는 데 도움이 될 겁니다.

아기가 잠들지 못하는 원인에는 배고픔과 어둠에 대한 공포, 세상에 대한 낯섦 등 여러 요인이 있는데요. 실제론 잠드는 법을 몰라서 못 자는 게 가장 큰 원인입니다. 그러므로 언어 교육, 배변 교육을 따로 해 주듯이 수면도 따로 가르쳐 주어야 합니다.

수면 교육이란 아이 스스로 등을 대고 자는 법을 터득하게 해 주는 일입니다. 영아는 충분히 먹이고 소화를 시킨 뒤 눕힌 다음 젖을 물리지 않고 재워야 합니다. 매일 8~9시 사이에 잠자리에 눕힌 뒤에 이야기를 해 주거나 자장가 등을 불러 주고, 책을 읽어 주는 일을 반복해야 하지요. 그렇게 한두 달이 지나고, 생후 3~4개월이 된 아기들은 눕혀 놓고 이야기만 들려주어도 금세 잠이 듭니다. 특별한 도움이 없어도 제시간에 눕혀 주면 스스로 잘 수 있게 되는 거죠. 이 시기에 수면 교육을 안 하면, 기억력이 생기는 6개월 이후에 아기는 한밤중에 깨어나 엄마, 아빠를 괴롭히게 됩니다. 이런 수면 교육이 하루아침에 효과를 발휘하는 건 아닙니다. 처음 한 달 정도는 무척 힘들고, 길면 6개월까지도 적응 기간이 필요합니다. 하지만 아기를 밤새 잘 자게 하려면 혼자 힘으로 오래 자도록 가르쳐야 합니다.

영아 수면 교육법

영아 수면 교육은 생후 4~6주 사이에 시작해 생후 3~4개월에는 완성해야 합니다. 돌이 지나면서부터는 아기가 수면에 대해 공포심이 생기면서 수면 습관을 형성하게 되는데요. 영아기는 아기에게 좋은 수면 습관을 심어 줄 수 있는 중요한 시기입니다. 아기에게 올바른 수면 습관을 갖게 해 주려면 부모의 일관성 있는 태도가 중요합니다. 가령 품에 안고 있다가 눕혔을 때 심하게 운다고 해서 곧바로 다시 안아 주거나 달래면 안 됩니다. 어떤 땐 달래 주고 어떤 때는 내버려 두는 방식도 올바르지 않습니다.

신생아 때는 아기가 밤에 깨어나더라도 최대한 흥분시키지 말고, 밤 수유도 아기가 성장할수록 점차 줄여 나가는 것이 좋습니다. 밤 수유가 없어지면서 아기는 야간 수면에 집중할 수 있습니다. 그렇지만 무엇보다 중요한 건 아기가 기분 좋게 잠들 수 있도록 주변 환경을 마련해 주는 일입니다.

생후 4개월 이후에는 일정한 낮 시간에 외출을 통해 아기의 뇌를 깨워줍니다. 야간에는 아기를 어두운 환경에 노출시켜 수면 환경을 만들어 줍니다. 낮잠은 오후 3시 이전에 되도록 적게 자게 하는 수면 의식을 꾸준히 시행한다면, 생후 6개월부터는 밤에 최소 6시간 이상 깨지 않고 통잠을 잘 수 있게 됩니다. 아이에 따라서는 10시간 이상의 수면도 가능해집니다.

생후 5개월 이후부터는 아기가 정해진 시간에 잘 수 있도록 습관을 심어 주고, 밤이 되었을 때 일정한 행동을 한동안 지속적으로 유지하면서 아기를 재워야 합니다. 그러면 아기는 그 행동을 하기만 해도 '잠잘 시간이구나.'라고 생각하고 저절로 잠을 자게 됩니다. 그리고 앞에서도 말했듯이 아기가 울어도 바로 달래지 않아야 합니다. 그렇지 않으면 울 때마다 부모는 아기가 원하는 대로 움직여야 할 겁니다. 이렇게 규칙적인 수면 의식을 시행해 주면, 아기는 생후 6개월 이후부터 빠른 시간 안에 숙면에 다다를 수 있습니다.

생후 6개월 이후의 아기에게 규칙적인 수면 의식을 한 달 이상 시행했는데도, 아기의 잠자는 시간이 지속적으로 일정해지지 않고, 수면 중 각성이 3차례 이상 있거나 잠깐 깼다 다시 자는 게 어렵다면 아기의 수면 장애를 의심해 보아야 합니다. 이때는 수면 클리닉을 방문해야 합니다. 이 시기부터 밤 수면이 낮 수면보다 길어지는데, 수면 장애가 있으면 아기가 밤에 자주 깨거나 깬 이후 혼자 다시 잠들지 못하는 경우가 많습니다.

그리고 영아기에는 수면 시간이 긴 대신 주야가 뒤바뀐 생활을 하게 되기도 하는데요. 이런 경우에는 바로 다음에 나오는 '영아 수면 교육 지침'을 따라해 보세요. 아이도 부모도 모두 밤 수면을 방해받지 않고 숙면을 취할 수 있게 될 겁니다.

영아 수면 교육을 위한 4가지 지침

다음 지침을 따라 해 보세요. 아기의 수면에 놀라운 변화를 확인할 수 있을 겁니다.

1. 무조건 낮 동안 밝은 빛을 접하게 하고 활동량을 늘리며 놀아 줍니다. 밤에는 어둡고 조용한 환경에 노출되게 합니다. 그러면 아기는 낮과 밤의 차이를 확인하고 일관된 체온 리듬을 유지하

게 됩니다. 월령에 따라 낮잠 시간을 점점 단축시켜 밤에 잠을 몰아 자도록 하는 훈련을 시킵니다.

2. 잠들기 1~2시간 전부터 어둡고 안정된 분위기를 조성해 줍니다. 실내조명도 달빛을 연상하는 미색으로 바꾸어 줍니다. 조명은 아기방뿐만 아니라 집안 전체를 바꾸어 주어야 합니다. 잠들기 전에 책을 읽어 주거나 자장가를 불러 주는 것도 아기를 안정시키는 데 효과가 있습니다.

3. 수유 간격을 늘여 줍니다. 밤 시간에 수유하는 횟수를 점차 줄이면서 수유 간격을 늘여야 합니다. 이렇게 하면 아기가 자다가 깨는 일이 최소화될 수 있습니다. 생후 6개월이 지나면 아기는 야간 수유가 필요하지 않습니다.

4. 혼자 잠드는 법을 알게 해 줍니다. 엄마 품에 안겨 모유를 먹다가 잠들지 않도록 주의해야 합니다. 이렇게 되면 항상 엄마가 재워 줘야 하기 때문입니다. 자기 침대에서 혼자 자는 게 중요합니다. 생후 3~6개월부터 훈련해야 하며 침대 바깥에서 가장 졸릴 때 한 번에 침대로 가서 자는 방법을 학습시켜야 합니다.

똑잠 톡톡

하버드 의대 리처드 피버 박사의
영아 수면 교수법

아기를 혼자 자게 하는 법

1. 아기가 자다가 깨서 울더라도 그대로 둡니다. 5분 뒤에 아기방에 가서 부드럽게 말로 아기를 안심시켜 줍니다. 아기를 안아 올리거나 흔들거나 하는 행위는 하지 않습니다. 이런 행위는 아기에게 울면 그렇게 해 준다는 걸 각인시킬 뿐입니다.

2. 아기가 계속 울면 10분 동안 그대로 울게 놔둡니다. 아기방으로 돌아가 아기를 안심시킨 후 즉시 방을 떠납니다. 그래도 아기가 계속 울면 이번엔 15분 뒤에 아기방으로 갑니다. 이후에도 계속 울면 15분 간격으로 아기방으로 갑니다.

3. 다음 날에 처음 아기방에 갈 때는 10분 동안 울게 놔둔 다음에 갑니다. 그다음은 15분 뒤, 그 이후로는 20분 동안 울게 놔두었다가 아기방으로 가서 아기를 안심시킵니다. 그 이후로는 체크하는 시간 간격을 계속 5분씩 늘립니다.

이 방법을 쓰면 아기는 일주일 안에 혼자 자는 법을 터득하게 됩니다. 가장 중요한 것은 양육자의 일관성과 며칠 동안 밤을 새울 각오입니다. 이후엔 아이가 나이가 들어감에 따라 부드러운 솜 인형 등의 애착 물건을 갖고 자게 해 주는 것도 좋은 방법입니다.

영아의 꿀잠을 위한 똑똑한 수유법

아기들도 잘 자려면 잘 먹어야 하는데요. 영아들은 모유나 분유 수유를 통해 필요한 양분을 섭취하므로 여기서는 아기의 좋을 잠을 위한 수유법을 한번 짚어 드리고자 합니다.

아기에게는 한 번에 충분한 양의 수유를 하는 것이 중요합니다. 아기는 가장 배고플 때 가장 많이 먹기 때문에 그 타이밍을 잘 찾아야 합니다. 그리고 한 번에 충분한 양의 수유를 하려면 물린 젖을 쉽게 빼지 말고 충분히 수유될 때까지 기다려 주어야 합니다. 아기 중에는 조금만 배가 불러도 자주 쉽게 젖을 빼는 아기들이 있는데, 한 번에 충분히 먹게끔 해 주기 위해선 양육자의 신중한 관찰과 도움이 필요합니다.

아기가 잠에서 깨서 울 때 하는 수유는 이미 늦습니다. 그전에 수유를 해야 합니다. 아기가 자다가 눈을 뜨고 깨면 바로 수유를 해도 괜찮습니다. 영아는 배가 고프면 각성하여 바로 깨기 때문에 울기 전에 즉시 수유해서 안정감과 포만감을 주어야 아이의 좋은 수면 리듬이 유지될 수 있습니다.

낮 동안에는 아기의 어떤 행동이 배고픔을 나타내는지 잘 관찰해야 합니다. 입을 움직이는 게 모두 다 배고픔의 신호는 아닐 것입니다. 아기마다 배고픔을 나타내는 행동이 다르므로 시행착오를 겪더라도 잘 살펴보고 찾아내야 합니다.

생후 6주부터는 아기가 낮과 밤을 조금씩 가릴 수 있게 됩니다. 이때부터 아기가 한 번에 4시간을 잘 수도 있기 때문에 밤 수유 횟수를 줄일 수 있습니다. 낮보다는 밤에 수유 간격 시간이 길어지게 되는 거죠.

3개월이 지나면 확실히 낮에 좀 더 먹게 되고, 먹는 횟수도 밤보다 많은 차이가 나게 됩니다. 그러면서 밤 수면에 더 집중하게 되지요. 이 시기부터는 낮보다는 밤에 단 10분이라도 긴 간격으로 수유하려고 노력해야 합니다. 이 시기에 밤중 수유 간격을 넓히기 시작하면, 생후 6개월이 되었을 땐 밤중 수유 없이 아이가 내리 잘 수 있게 됩니다. 몸무게로 계산하면 6kg 후반부터 7kg 후반의 아기라면 야간 수유 없이 내리 잘 수 있습니다.

만약 아이가 6개월이 지났고 몸무게가 10kg 이상인데 밤에 수유를 2회 이상해야 한다면, 이건 수유 문제가 아니라 소아 수면 장애가 아닌지 살펴보아야 합니다. 이런 아기들은 시간이 지나도 좋아지지 않고, 오히려 밤에 더 많이 깨면서 수면 장애를 드러내게 됩니다. 이때는 수면 클리닉을 방문해서 아기가 자주 깨는 원인을 찾고 교정을 받아야 합니다.

그러나 생후 6주 이전의 신생아가 4~5시간 이상 수유를 거부하고 계속 자려고 한다면 이때는 오히려 아기를 깨워서 수유를 해야 하고요. 반면 생후 4개월이 지난 아기의 수유 간격과 수유 횟수가 줄지 않는다면, 몇 가지 상황을 체크해야 합니다. 아기에게 한 번에 충분한 양의 수유를 해 주있는지, 아기가 울 때마다 젖을 물리지는 않았는지, 또는 양육자 자신이 아기의 일과를 예측할 수 없을 정도로 불규칙한 생활을 하지는 않았는지 등등의 경우를 짚어 보아야 합니다. 이런 경우는 수유 횟수를 줄일 수 없으므로 양육자가 그 패턴을 신중하게 파악한 후 교정해 주어야 합니다.

생후 6개월이 되면 아기는 완전히 낮과 밤을 가릴 수 있게 됩니다. 아침에 기상하여 한 번 수유하고, 점심 전에 한 번, 점심에 한 번 수유를 하게 됩니다. 오후에 이유식 또는 수유를 한 번 하고, 저녁시간에 목욕 후 수면 의식을 시행한 뒤 마지막 수유를 하고 잠이 들지요. 이때 밤중 수유는 0 또는 1회를 시행하게 됩니다. 그 이후에는 수면 리듬을 유지해 주며 아기의 야간 수면 시간을 늘리고 깊게 자게 하면, 밤중 수유를 완전히 끊을 수 있게 됩니다.

참고 자료

- 《통곡 없이 잠 잘 자는 아기의 비밀》, 곽윤철 지음, 북라이프, 2021
- 《잠이 잘못됐습니다》, 메이어 크리어 지금, 이은주 옮김, 생각정거장, 2019
- 《하버드 불면증 수업》, 그렉 제이콥스 지음, 조윤경 옮김, 예문, 2019
- 《느림보 수면교육》, 이현주 지음, 폭스코너, 2016
- 《수면혁명》, 아리아나 허핑턴 지음, 정준희 옮김, 민음사, 2016
- 《잘 자고 잘 먹는 아기의 시간표》, 정재호 지음, 한빛라이프, 2014
- 《수면 다이어트》, 사토 게이코 지음, 조미량 옮김, 넥서스, 2013
- 《면역력을 높이는 생활》, 니시하라 가즈나리 지음, 윤혜림 옮김, 전나무숲, 2008
- 〈특발성 저신장 아동의 야간 성장호르몬 분비와 수면양상〉, 서상영 외 6인, 대한소아과학회, 제46권 제4호, 2003
- 〈A Deep Sleep Stage in Drosophila with a Functional Role in Waste Clearance〉 by Bart van Alphen, Evan R. Semenza, Melvyn Yap, Bruno van Swinderen, Ravi Allada, Science Advances, Volume 7, Issue 4, 20 January 2021
- 〈Pediatric Insomnia〉 by Judith A Owens, Jodi A Mindell, Pediatric Clinics of North America, 2011
- 〈Sleep-Disordered Breathing in a Population-Based Cohort: Behavioral Outcomes at 4 and 7 Years〉 by Karen Bonuck, Katherine Freeman, Ronald D. Chervin, MD, Linzhi Xu, Pediatrics, 2011
- 〈Sleep-Dependent Memory Consolidation and Reconsolidation〉 by Robert Stickgold, Matthew P. Walker, Sleep Medicine, 2007

4~7세, 수면을 잘해야
아이가 알아서 공부합니다

초판 1쇄 발행 2022년 7월 5일
초판 3쇄 발행 2024년 6월 15일

지은이 한진규
발행인 강선영·조민정
펴낸곳 (주)앵글북스
디자인 강수진
그림 김성연

주소 서울시 종로구 사직로8길 34 경희궁의 아침 3단지 오피스텔 407호
문의전화 02-6261-2015 **팩스** 02-6367-2020
메일 contact.anglebooks@gmail.com
ISBN 979-11-87512-68-4 13590

* 이 도서는 저작권법에 의해 보호를 받는 저작물이므로 무단 전재와 복제를 금하며 책 내용의 전부 또는 일부를 사용하려면 반드시 저작권자와 (주)앵글북스의 서면 동의를 받아야 합니다.
  잘못된 책은 구입처에서 바꿔드립니다.